차시	날짜	빠르기	정확도	확인란

1	월 일	타	%	
2	월 일	타	%	
3	월 일	타	%	
4	월 일	타	%	
5	월 일	타	%	
6	월 일	타	%	
7	월 일	타	%	
8	월 일	타	%	
9	월 일	타	%	
10	월 일	타	%	
11	월 일	타	%	
12	월 일	타	%	

차시	날짜	빠르기	정확도	확인란

13	월 일	타	%	
14	월 일	타	%	
15	월 일	타	%	
16	월 일	타	%	
17	월 일	타	%	
18	월 일	타	%	
19	월 일	타	%	
20	월 일	타	%	
21	월 일	타	%	
22	월 일	타	%	
23	월 일	타	%	
24	월 일	타	%	

이 책의 목차

한쇼 주요 기능 미리 살펴보기!

 step 1.

한쇼를 실행하여 파일을 불러와요!

① [시작(■)]을 클릭하고 🖥 한쇼 를 찾아 선택하면 한쇼 NEO(2016) 프로그램이 실행돼요.

② [새 프레젠테이션] 대화상자에서 **[새 프레젠테이션 만들기]**-'한컴오피스'를 선택한 후 <확인>을 클릭해요.

③ 예제 파일을 불러오기 위해서 **[파일]-[불러오기]**를 클릭해요

④ [불러오기] 대화상자가 나오면 [불러올 파일]-[chapter 00]-**동물이야기.show** 파일을 선택한 다음 <열기>를 클릭해요.

 🅣 **대화상자가 뭐예요?**

컴퓨터와 사람이 서로 대화를 할 수 있도록 제공되는 특별한 창을 대화상자라고 불러요. 컴퓨터가 사람에게 무언가를 알려주거나, 입력(선택)을 요청하지요.

⑤ 불러온 파일을 확인한 다음 문서를 작업할 수 있어요.

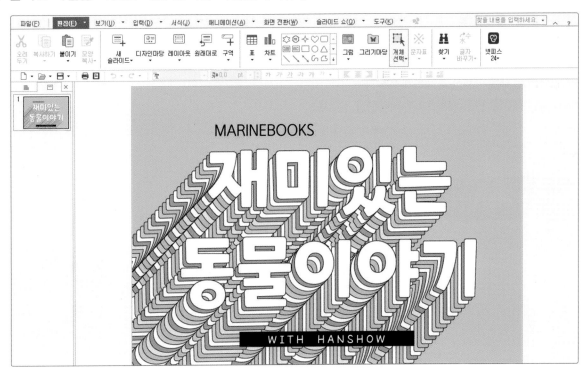

step 2.

파일을 저장해요!

① [파일]-[저장하기]를 누르거나 [서식 도구 상자]에서 🔲(저장하기)를 눌러요.

팁 다른 이름으로 저장

[저장하기] 아래를 보면 [다른 이름으로 저장하기] 메뉴가 있어요. 이 기능을 이용하면 새로운 이름으로 원하는 경로에 작업 중인 문서를 저장할 수 있답니다.

01 '닭'의 DNA로 부활하는 공룡

★ 한쇼 프로그램에 대해 알아보아요.

★ 입력된 글자를 삭제하고 새롭게 입력해요.

★ 디자인 테마를 변경하여 프레젠테이션을 꾸며요.

완성 작품 미리보기

▶실습파일 : 닭.show ▶완성파일 : 닭(완성).show

치키노사우르스

'닭'의 DNA로 공룡을 부활시킬 수 있을까?

재미난 동물이야기

　　　여러분은 '치키노사우르스' 라는 이름을 들어보았나요? 치키노사우르스는 닭(치킨)과 공룡(사우르스)

이 합쳐져 만들어진 단어랍니다. 고대 생물학자 '잭 호너'는 공룡과 가장 닮은 동물로 '닭'을 이야기했고,

닭의 DNA를 이용하여 공룡의 코를 재현하는데 성공하였다고 발표했어요. 공룡을 동물원에서 만날 수 있다면

어떨지 상상해보는 것도 재미있겠죠?

창의 놀이터

가로/세로 열쇠를 참고하여 재미있는 십자말풀이를 완성해 보세요.

가로열쇠

1 닭이 낳은 알에서 부화하는 동물

3 초록색 캐릭터, 아기공룡 ○○

4 스티브&알렉스가 주인공인 게임

8 겨울왕국 애니메이션의 주인공

세로열쇠

2 짱구는 못말려에 등장하는 귀여운 여자 캐릭터

5 군대에서 일을 하면서 나라를 안전하게 지켜주는 직업

6 뽀롱뽀롱 뽀로로에 등장하는 초록색 공룡 캐릭터

7 입을 다물고 콧소리로 흥얼거리며 부르는 노래

9 미안함을 표시할 때 하는 행동(빨간색 과일 이름)

10 화물을 실어서 나르는 커다란 자동차

1 한쇼를 실행한 후 실습 파일을 불러와요!

1 한쇼 NEO(2016) 프로그램을 실행해요.

❷ [파일]-[불러오기]를 클릭해요.

❸ [불러올 파일]-[chapter 01_닭]-**닭.show** 파일을 선택하고 <열기>를 클릭해요.

❹ 불러온 파일을 이용하여 한쇼의 화면 구성을 살펴볼까요? 꼭꼭 필요한 내용으로만 구성했답니다.

❶ **메뉴** : 한쇼 작업에 필요한 모든 도구들이 들어있어요. 선택된 메뉴에 따라 보이는 도구들
　　　이 달라질 거예요.

❷ **서식 도구 상자** : 문서를 편집할 때 자주 사용하는 기능들이 아이콘으로 모여있어요.

❸ **슬라이드** : 문서를 작업하는 공간으로, 글자나 그림 등을 넣을 수 있어요.

❹ **축소판 그림창** : 슬라이드를 미리 볼 수 있는 화면이에요.

❺ **확대/축소** : 작업 중인 슬라이드를 크게 또는 작게 볼 수 있어요.

② 입력된 글자를 예쁘게 수정해요!

1 슬라이드에 입력된 제목 부분에서 **'킨'** 뒤쪽을 클릭해요.

팁 커서에 대해 알아보아요.

글자 사이를 클릭했더니 기다란 막대기가 깜빡깜빡 하는 것이 보이나요? 우리는 이것을 '커서'라고 부르기로 약속했어요. 컴퓨터에서 글자를 입력하거나 삭제할 때 '커서'를 기준으로 작업한답니다.

2 Back Space 를 한 번 눌러 **'킨'** 글자를 지운 다음 **'키노'**를 순서대로 입력해보세요. Esc 를 눌러 텍스트 선택을 해제할 수 있어요.

디자인 테마를 변경하고 파일을 저장해요!

① [서식]-[테마]-↓를 클릭한 다음 원하는 테마를 선택해요. 입력된 글자가 잘 보이는 디자인을 고르는 것이 좋겠죠?

② 이번에는 [서식]-[테마색(가)]을 클릭하여 테마 색을 변경해요.

 💡 **완성된 파일을 저장하는 방법**

- [파일]-[저장하기]를 클릭하여 작업한 파일을 저장할 수 있어요.
- Ctrl + S 를 눌러 저장할 수 있어요.

작품을 완성해요

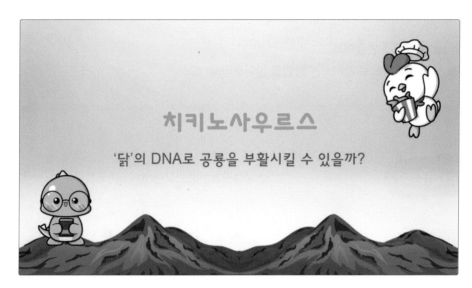

① [서식]-[테마 글꼴(가가)]에서 [글꼴]을 변경해요.

 스스로 만들어요

실습파일 : 닭_연습문제.show   완성파일 : 닭_연습문제(완성).show

① 그림과 같이 슬라이드의 제목을 수정하고, 이름을 입력해요.
② 디자인 테마, 색, 글꼴을 자유롭게 변경해요.
   [서식]-[테마]-↓ / [서식]-[테마 색] / [서식]-[테마 글꼴]
③ 닭과 공룡 그림을 드래그하여 알맞은 곳에 배치해요.

02 '강아지'가 표현하는 꼬리 언어

배 우 는 기 능

★ 클릭, 드래그를 완벽하게 연습해요.
★ 개체를 뒤로 보내거나 앞으로 가져오는 방법을 알아보아요.

완성 작품 미리보기

▶ 실습파일 : 강아지.show　　▶ 완성파일 : 강아지(완성).show

재미난 동물이야기

　　강아지는 말을 할 수 없는 동물이기 때문에 다양한 행동으로 감정을 표현해요. 특히 꼬리의 움직임을 통해 강아지의 기분을 쉽게 파악할 수 있답니다. 우리는 꼬리를 흔드는 강아지를 보고 '반가움', '즐거움' 등을 표현한다고 생각하지만 항상 그런 것은 아니에요. 그렇다면 꼬리를 흔드는 패턴에 따라 강아지가 어떤 기분을 표현하는지 함께 알아볼까요?

창의 놀이터

사다리타기 게임을 통해 강아지의 꼬리 움직임이 어떤 뜻을 의미하는지 알아보세요.

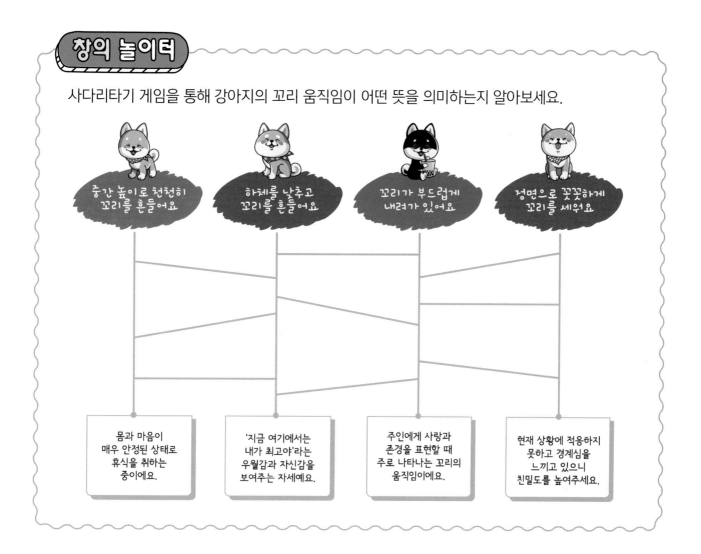

1 알맞은 위치로 그림을 이동하고 크기를 조절해요!

① 한쇼 NEO(2016) 프로그램을 실행하여 [Chapter 02_강아지]-**강아지.show** 파일을 불러와요.

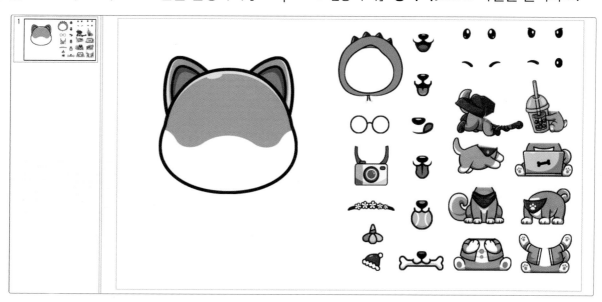

② 슬라이드 오른쪽에 있는 여러 가지 그림 중에서 원하는 **눈 모양**을 얼굴 쪽으로 드래그하여 이동시켜요.

③ 눈 모양 주변의 조절점()을 드래그하여 **크기**를 조절해요.

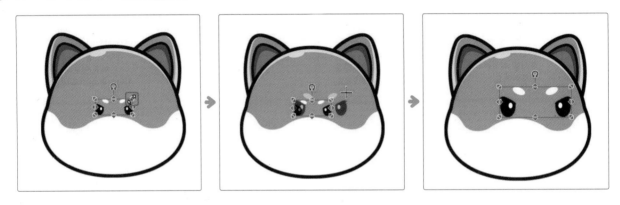

팁 **클릭과 드래그는 어떻게 하나요?**

• 클릭 : 마우스 왼쪽 단추를 한 번 딸깍 눌러요.
• 드래그 : 마우스 왼쪽 단추를 누른 채 원하는 곳으로 이동해요.

④ 눈 모양의 중앙을 드래그하여 적당한 위치로 이동해요. Esc를 눌러 모든 선택을 해제한 다음 강아지 얼굴을 확인해 볼까요?

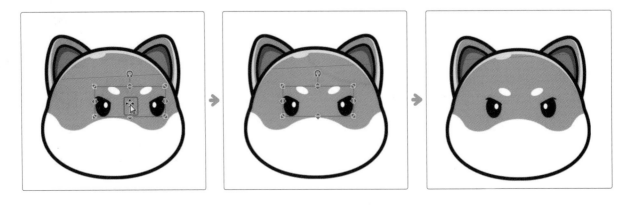

❺ 똑같은 방법으로 강아지 얼굴에 **코·입 모양**을 만들어보세요.

 팁 **다른 그림을 선택하고 싶어요.**

배치한 그림이 마음에 들지 않을 경우에는 [서식 도구 상자]에서 ↺ (되돌리기)를 클릭하여 이전 작업으로 돌아간 다음 원하는 그림을 다시 드래그해 보세요.

② 그림을 앞으로 가져오거나 뒤로 보내요!

❶ 이번에는 강아지의 몸통을 만들어 볼게요. 슬라이드 오른쪽에서 원하는 강아지의 **몸통**을 드래그하여 이동시켜요.

드래그

② 몸통의 크기를 조절한 다음 얼굴과 겹치도록 위치를 맞춰주세요.

③ 몸통 위에서 마우스 오른쪽 버튼을 눌러 [순서]-[맨 뒤로]를 클릭한 다음 몸통의 크기와 위치를 다시 조절하여 자연스럽게 만들어요.

 맨 뒤로와 맨 앞으로

그림이나 도형 등을 겹칠 경우에는 뒤쪽 또는 앞쪽 순서에 맞추어 잘 배치하도록 해요.

크기 조절 및 위치 변경

• 그림이나 도형의 '크기'를 조절할 때는 조절점(□)에 마우스 포인터를 위치시킨 후 드래그하여 크기를 조절해요.
• 그림이나 도형의 '위치'를 변경할 때는 개체의 가운데 부분에 마우스 포인터를 위치시킨 후 원하는 위치로 이동시켜요.

① 슬라이드 주변에 있는 여러 가지 그림을 활용하여 귀여운 강아지를 완성해 보세요.

 스스로 만들어요   실습파일 : 강아지_연습문제.show   완성파일 : 강아지_연습문제(완성).show

① 슬라이드의 오른쪽 그림을 이용하여 강아지의 얼굴을 완성해요.
② 슬라이드의 오른쪽 그림을 이용하여 강아지의 몸통을 완성해요.

03 썰매를 끄는 루돌프 '순록'

배 우 는 기 능

★ 여러 가지 도형을 삽입해요.
★ 도형의 색상과 선의 서식을 변경해요.

완성 작품 미리보기

▶ 실습파일 : 순록.show   ▶ 완성파일 : 순록(완성).show

재미난 동물이야기

전 세계에는 50종이 넘는 사슴 종류가 있어요. 그중 산타를 태우고 썰매를 끌던 사슴은 누구였을까요?

바로 '순록'이에요. 순록은 몸무게가 300kg으로 체력이 좋고, 발굽 사이에 털이 자라있기 때문에 빙판 위에서

도 미끄러지지 않아요. 또한 몸에 빽빽하게 덮여진 털로 인해 추운 지방에서도 따뜻하게 체온을 조절할 수

있지요. 이정도면 산타의 선택을 받기에 충분하겠죠?

왼쪽 카드와 오른쪽 카드 안의 개수를 더해 가운데 숫자를 만들기 위한 선을 연결해 보세요.

1 도형을 삽입하고 크기를 변경해요!

① 한쇼 NEO(2016) 프로그램을 실행하여 [Chapter 03_순록]-**순록.show** 파일을 불러와요.

❷ [입력]–[도형]–↓ → [별 및 현수막-**포인트가 5개인 별(☆)**]을 선택해요.

❸ 트리 윗 부분에 드래그하여 별 모양 도형을 그려주세요.

🐰 팁 **도형을 그릴 때 알아두세요!**
• 크기 조절 : 크기 조절점(┌┐)을 드래그해요.
• 위치 변경 : 도형의 중앙을 드래그해요.
• 모양 변경 : 노란색 점을 드래그해요.

❹ 도형 안쪽의 **노란색 조절점**을 바깥쪽으로 드래그하여 별 모양을 변형시켜요.

② 도형의 색상과 선 없음을 지정해요!

❶ 별을 선택한 다음 [도형(🖼)]–[채우기 색] → [**노랑**]을 클릭해요.

🐰 팁 **더 많은 색상을 고르는 방법을 알려주세요!**
[도형(🖼)]–[채우기 색] → [다른 색]을 클릭하면 다양한 색상을 선택할 수 있어요.

② 이번에는 [도형()]-[선 색] → [**선 없음**]을 클릭해요.

③ 곡선을 삽입하고 선의 서식을 변경해요!

① [입력]-[도형]-↓ → [선-**곡선(⌒)**]을 선택해요.

② 아래 작업 순서를 참고하여 곡선을 그려요.

❸ 만들어진 곡선을 선택한 다음 [도형()]-[선 스타일(▤)] → **[선 굵기]**와 **[선 종류]**를 변경하고, **[선 색(✎)]**에서 원하는 색상을 선택해요.

▲ 선 굵기 변경   ▲ 선 종류 변경   ▲ 선 색 변경

❹ 똑같은 방법으로 곡선을 몇 개 더 만들어보세요.

작품을 완성해요

① 슬라이드 주변에 있는 여러 가지 그림을 활용하여 예쁜 트리를 완성해 보세요. 만약 곡선 때문에 그림이 가려진다면 마우스 오른쪽 버튼을 눌러 [순서]-[맨 뒤로]를 이용해보세요.

 스스로 만들어요   실습파일 : 순록_연습문제.show   완성파일 : 순록_연습문제(완성).show

- **순록의 눈 :**
  [기본 도형-타원(◯)]
  → 채우기 색(검정, 흰색)
  → 선 색(선 없음)
- **순록의 볼 :**
  [기본 도형-하트(♡)]
  → 채우기 색(노랑)
  → 선 색(선 없음)

① 오른쪽에 제시된 도형을 삽입하여 순록 캐릭터 얼굴을 완성해 보세요.
② [별 및 현수막]에서 다양한 별 모양을 삽입하여 예쁘게 슬라이드 배경을 완성해보세요.

04 사막의 상징 '낙타'

배 우 는 기 능

★ 슬라이드의 레이아웃을 변경한 후 제목을 입력해요.
★ 도형에 스타일을 적용하고 텍스트 서식을 변경해요.

완성 작품 미리보기

▶ 실습파일 : 낙타.show   ◆ 완성파일 : 낙타(완성).show

재미난 동물이야기

　　사막은 모래나 바위, 돌로 덮여있고 풀을 찾아보기 힘든 지역을 말해요. 또한 사막에는 비가 거의 오지
않아 땅이 말라있기 때문에 매우 건조하고, 항상 뜨거운 바람이 불어옵니다. 인간의 활동도 제한될 만큼 환경
이 좋지 않은 장소이지만 '낙타'에게만큼은 사막이 최적의 장소라고 해요. 과연 그 이유는 무엇일까요?

에도쿠 게임 규칙을 읽어보고 표 안에 들어갈 선인장 모양을 그려보세요.

첫째,
표의 가로 줄에
똑같은 그림을
배치하지 않아요.

둘째,
표의 세로 줄에
똑같은 그림을
배치하지 않아요.

셋째,
빈 화분에 들어갈
선인장을 예쁘게
그려넣어요.

1 레이아웃을 변경하고 제목을 입력해요!

❶ 한쇼 NEO(2016) 프로그램을 실행하여 [Chapter 04_낙타]-**낙타.show** 파일을 불러와요.

② 슬라이드에 제목을 입력할 수 있도록 레이아웃을 변경해 보아요. [편집]-[레이아웃()] → **[제목만]**
을 선택해요.

팁 레이아웃이 무엇인가요?
슬라이드를 꾸밀 때 글이나 그림을 보기 좋게 배치할 수 있도록 도와주는 틀이에요. 상황에 따라 필요한 레이아웃을 선택
하여 작업하면 더욱 편리할 거예요.

③ **'제목을 입력하십시오'** 글상자를 클릭한 다음 슬라이드의 제목을 입력해요.

2 입력한 제목의 서식을 변경해요!

① 입력된 글자를 빠르게 세 번 클릭하여 블록으로 지정해요.

② [서식 도구상자]에서 **글꼴, 글꼴 크기, 글자 색**을 원하는 대로 지정한 다음 **그림자(가)**를 선택해요.

 팁 **글자의 색상이 바뀌지 않는 것 같아요.**

내용이 블록으로 지정되어 있을 때는 정확한 색을 확인하기 어려워요. Esc 를 눌러 블록을 해제한 다음 변경된 색상을 확인해보세요.

③ 이번에는 '**낙타**'만 드래그하여 블록으로 지정한 다음 **글꼴 크기**와 **글자 색**을 변경해요.

④ 제목 글상자 안쪽을 클릭하고 [서식 도구상자]에서 **[오른쪽 정렬(圭)]**을 선택해요.

3 도형에 스타일을 적용해요!

❶ '**혹**'이 입력된 도형을 클릭한 다음 [도형(🔲)]-[도형 스타일]-↓을 클릭하여 원하는 스타일을 선택해요.

❷ 똑같은 방법으로 나머지 도형의 스타일도 변경해 보세요.

 팁 스타일은 무엇인가요?

한쇼에서는 도형이나 그림 등에 스타일을 적용할 수 있어요. 스타일을 사용하면 도형의 테두리, 색상, 그림자와 같은 여러 가지 효과를 클릭 한 번만으로 쉽게 적용할 수 있기 때문에 편리하답니다.

❶ [서식 도구상자]를 이용하여 도형 안에 입력된 글자들의 서식을 변경해 보세요.

실습파일 : 낙타_연습문제.show   완성파일 : 낙타_연습문제(완성).show

❶ 레이아웃을 '제목만'으로 변경한 후 슬라이드의 제목을 입력하고 글꼴 서식을 변경해요.
❷ 화분에 사용된 도형을 선택한 다음 도형 스타일을 변경해요.
❸ 슬라이드 주변의 그림을 드래그하여 선인장 화분을 완성해요.

05 '코끼리'의 코가 길어진 이유

배 우 는 기 능

★ 복사하기와 붙이기를 연습해요.
★ 여러 가지 방법으로 개체를 회전해 보아요.

완성 작품 미리보기

▶ 실습파일 : 코끼리.show   ▶ 완성파일 : 코끼리(완성).show

재미난 동물이야기

평균적으로 5000kg 정도의 무게가 나가는 코끼리는 육지에서 최고로 몸집이 큰 동물이에요. 커다란 덩치 때문에 머리를 숙여 음식을 먹는 일이 거의 불가능 했던 코끼리는 코를 이용하여 바닥의 풀을 뜯어먹거나 높은 나무의 열매를 따서 먹기도 했답니다. 코끼리가 코를 많이 사용하면서 더 길어지고 굵어지는 등 외형적으로 점차 발달되면서, 지금은 사람의 손처럼 자유롭게 사용할 수 있게 되었지요.

동물의 영어 이름과 알맞게 선을 연결해 보세요.

Monkey   Cow   Rabbit   Pig   Elephant
몽키   카우   레빗   피그   엘리펀트

1 복사하기와 붙이기를 연습해요!

1 한쇼 NEO(2016) 프로그램을 실행하여 [Chapter 05_코끼리]-**코끼리.show** 파일을 불러와요.

② [슬라이드 2]에서 **하마**를 찾아 선택한 다음 해당 그림 위에서 마우스 오른쪽 버튼을 눌러 **[복사하기]**를 클릭해요.

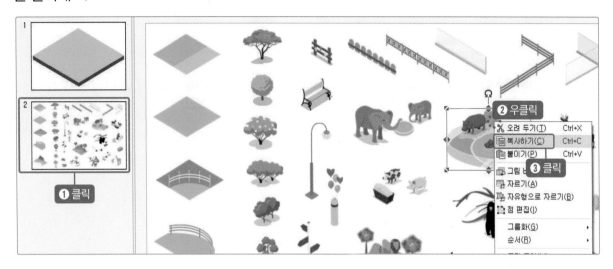

③ 다음은 복사한 하마를 [슬라이드 1]로 옮겨볼게요. [슬라이드 1]에서 마우스 오른쪽 버튼을 눌러 **[붙이기]**를 선택해요.

④ 하마를 원하는 위치로 이동시켜요. 똑같은 방법으로 **코끼리**를 [슬라이드 1]로 가져와 배치해 볼까요?

팁 **단축키 알아보기**

• 복사하기 : Ctrl + C
• 붙이기 : Ctrl + V

❷ 같은 슬라이드에 있는 그림을 복사하고 대칭해요!

① 코끼리 주변을 나무 울타리로 꾸며볼 거예요. [슬라이드 2]에서 첫 번째 울타리를 복사한 다음 [슬라이드 1]에 붙여 넣고 이동시켜요.

② Ctrl을 누른 채 울타리를 드래그하여 복사해 보세요.

 팁 **울타리의 위치가 잘 맞지 않아요!**
울타리가 선택된 상태에서 키보드의 방향키(←, →, ↑, ↓)를 이용하여 움직이면 그림을 미세하게 조절할 수 있어요.

③ 울타리가 아직 좁아 보이네요. 똑같은 방법으로 울타리를 **두 개 더 복사**해요.

④ 이번에는 울타리의 방향을 바꿔서 완성해 보도록 할게요. 맨 마지막 울타리를 선택하고 [그림(🎤)] -[회전(🔄)] → **[좌우 대칭]**을 클릭해요.

⑤ 회전된 울타리의 위치를 알맞게 변경한 다음 아래 그림처럼 울타리를 복사해주세요.

⑥ 다음 과정을 참고하여 울타리를 선택한 다음 키보드 방향키로 울타리 위치를 알맞게 맞춰요.

🖐 **동물원을 만들 때 참고해 주세요!**

- 그림이 작아서 선택이 어려울 때 : 프로그램 오른쪽 아래에 확대/축소(🔍 80% ▾ ⊖⊕)를 이용하여 적당한 크기로 확대하여 작업해 보세요.

- 원하는 순서대로 그림이 배치되지 않을 때 : [순서]-[맨 뒤로] 또는 [순서]-[맨 앞으로] 기능을 이용해 보세요.

작품을 완성해요

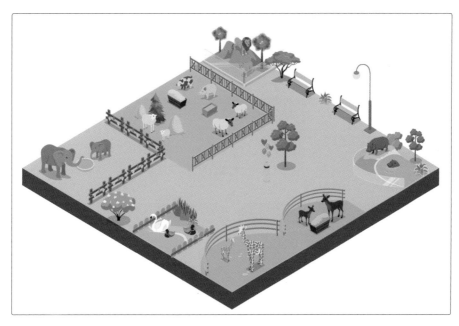

❶ [슬라이드 2]의 다양한 그림들을 활용하여 멋진 동물원을 완성해 보세요.

 스스로 만들어요　　실습파일 : 코끼리_연습문제.show　　완성파일 : 코끼리_연습문제(완성).show

❶ [슬라이드 2]의 코끼리 관련 그림들을 [슬라이드 1]로 복사하여 귀여운 코끼리 두 마리를 완성해요.

❷ [슬라이드 2]의 하트 모양 그림들을 활용하여 슬라이드 배경을 꾸며요.

06 '조개'가 진주를 만드는 방법

★ 도형에 여러 가지 효과를 적용해요.
★ 나타내기 애니메이션을 추가해요.

완성 작품 미리보기

▶ 실습파일 : 조개.show   ▶ 완성파일 : 조개(완성).show

재미난 동물이야기

조개는 껍데기 안으로 들어오는 모래알이나 기생충과 같은 이물질을 스스로 떼어낼 수가 없어요. 그렇기 때문에 조개에서 생성되는 분비물로 이물질을 감싸게 됩니다. 시간이 점점 흐르면서 이물질을 감싼 막은 점점 두꺼워지고 단단해지겠죠? 그 결과물이 바로 아름다운 '진주'라고 해요! 모든 조개에서 진주가 만들어지는 것은 아니니 참고하세요.

제시된 바다 관련 단어를 찾아보고, 새롭게 찾은 단어가 있다면 친구들과 비교해 보세요!

▶ 상어, 조개, 미역, 전복, 꽃게, 새우, 해마, 거북이, 문어, 고래, 가리비

거	폰	트	더	정	인	하	수	리	물	중	터	희	다	구	번	정	마
친	순	라	피	시	미	석	이	포	해	마	산	졸	세	봉	샤	바	해
서	풍	리	플	세	역	득	아	리	양	학	우	장	유	충	동	비	중
명	의	전	마	통	종	사	미	지	거	눈	선	공	맹	문	어	카	수
동	구	자	복	순	절	주				돌	죄	람	분	부	오	일	
누	향	옷	한	대	과	나				거	어	주	가	득	숫	마	
스	꽃	면	인	진	리	수				신	북	대	다	문	석	가	
양	게	머	동	스	불	조				마	전	이	라	부	튀	리	
린	동	아	거	변	우	개	영	컴	김	현	국	기	쥐	전	곡	롱	비
병	거	죽	저	이	자	절	상	주	어	시	축	일	비	트	맛	철	장
민	디	위	교	양	재	포	숙	어	리	엽	캐	소	고	래	폭	구	망
곰	장	도	새	우	감	서	유	동	민	강	지	선	시	희	체	남	놀

1 도형에 효과를 적용해요!

① 한쇼 NEO(2016) 프로그램을 실행하여 [Chapter 06_조개]-**조개.show** 파일을 불러와요.

② 조개껍데기 안의 원 도형을 선택한 다음 [도형()]-[도형 효과(□)] → **[장식]**에서 원하는 효과를 선택해요.

③ 이번에는 [도형()]-[도형 효과] → **[네온]**에서 원하는 네온 효과를 선택해요.

④ 똑같은 방법으로 나머지 도형에도 여러 가지 효과를 적용해볼까요?

2 진주 도형에 애니메이션을 추가해요!

① 첫 번째 진주를 선택한 다음 [애니메이션]-[애니메이션 추가(⭐+)] → [나타내기 다른 효과]를 클릭해요.

② 원하는 애니메이션을 선택한 다음 <적용>을 클릭해요. 똑같은 방법으로 나머지 진주에도 나타내기 애니메이션을 추가해요.

 팁 **애니메이션을 수정하고 싶어요!**

수정하려는 애니메이션이 적용된 도형을 선택한 다음 [애니메이션]-↓을 클릭하여 다른 효과를 선택할 수 있어요.

③ 애니메이션의 시작 옵션을 바꿔요!

❶ [애니메이션]-[애니메이션 작업 창()]을 클릭해요.

❷ 오른쪽 애니메이션 창에서 첫 번째 나타내기 애니메이션을 선택한 후 **'시작'**을 **'이전 효과 다음에'**로 변경해요.

❸ 똑같은 방법으로 나머지 3개의 나타내기 애니메이션도 **'시작'**을 **'이전 효과 다음에'**로 모두 변경해요.

> 🐰 팁 **참고해주세요!**
>
> 해당 작업은 애니메이션을 시작하는 방법을 변경하는 과정이에요. 조개껍데기가 활짝 열릴 때 진주를 자동으로 나타내기 위해 '이전 효과 다음에'라는 옵션을 적용한 것이지요. 반드시 타원 애니메이션의 시작 옵션만 변경하도록 해요!

❹ 왼쪽의 조개껍데기를 드래그하여 그림과 같이 덮어주세요.

작품을 완성해요

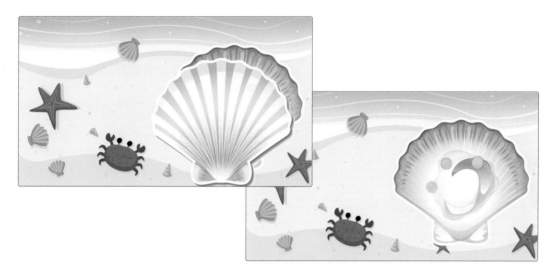

① F5 를 눌러 슬라이드 쇼를 실행해보세요. 슬라이드 쇼가 실행된 상태에서 화면을 클릭하면 조개 껍데기가 열리면서 진주가 나타날 거예요.

 스스로 만들어요   실습파일 : 조개_연습문제.show   완성파일 : 조개_연습문제(완성).show

① 슬라이드 주변의 그림들을 활용하여 슬라이드를 꾸미고 다양한 그림 효과를 적용해요. 그림 효과는 [그림(   )]-[그림 효과(   )]에서 선택할 수 있어요.

② 각각의 그림에 자유롭게 나타내기 애니메이션을 적용해 보세요.

07 '토끼'에 대한 오해와 진실

★ 슬라이드를 추가, 복제, 삭제해 보아요.
★ 삽입된 도형을 다른 모양으로 변경해요.

완성 작품 미리보기

▶ 실습파일 : 토끼.show   ▶ 완성파일 : 토끼(완성).show

재미난 동물이야기

　　　토끼가 등장하는 애니메이션이나 장난감을 살펴보면 언제나 당근이 그려져 있지요. 아마 대부분은 토끼가 가장 좋아하는 음식을 '당근'이라고 대답할 겁니다. 사실은 오래된 만화영화에서 토끼가 당근을 들고 주인공으로 등장하면서부터 '토끼와 당근'의 조합이 익숙해진 것이지만, 실제로는 토끼에게 당근을 자주 먹이면 좋지 않다고 하네요. 우리가 잘 몰랐던 토끼에 관련된 또다른 진실을 알아볼까요?

창의 놀이터

배고픈 토끼가 당근 미로를 지나서 맛있는 피자와 치킨을 먹을 수 있도록 도와주세요!

누가 오기 전에
얼른 먹어야겠다!!

---

1 슬라이드를 추가하고 삭제해요!

① 한쇼 NEO(2016) 프로그램을 실행하여 [Chapter 07_토끼]-**토끼.show** 파일을 불러와요.

토끼에 대한 오해와 진실

★ 토끼는 당근을 가장 좋아하나요?

Ⓐ 토끼는 당근을 즐겨먹지는 않아요. 마른 풀을 주식으로 먹으며 당근보다는 상추를 더 좋아하기도 한답니다. 당근에는 당분이 많아 토끼의 치아를 서서히 망가뜨릴 수 있으니 주의하세요.

★ 토끼는 생긴 것과 같이 얌전하고 귀여운 성격의 동물일까요?

Ⓐ 토끼마다 조금씩 성격이 다르지만 대부분 토끼의 성향은 자기 주장이 강하답니다. 또한 분노를 느낄 때면 "으르렁" 소리를 내거나 이빨로 세게 물기도 해요.

❷ [편집]-[새 슬라이드()] → **제목 및 내용**을 클릭해요.

❸ 추가된 슬라이드를 확인해요.

 팁 **슬라이드를 추가해요!**
축소판 그림 창에서 선택된 슬라이드를 기준으로 다음 순서에 새로운 슬라이드가 만들어져요.

❹ 축소판 그림 창의 [슬라이드 2] 위에서 마우스 오른쪽 버튼을 눌러 **[슬라이드 지우기]**를 클릭하여 필요 없는 슬라이드를 삭제해요.

팁 **더 간편하게 슬라이드를 삭제하는 방법!**
축소판 그림 창에서 불필요한 슬라이드를 선택한 다음 Delete 를 눌러 지울 수 있어요.

2 슬라이드를 복제해요!

① [슬라이드 2] 위에서 마우스 오른쪽 버튼을 눌러 **[선택한 슬라이드 복제]**를 클릭하여 똑같은 슬라이드를 만들어요.

② 똑같은 방법으로 슬라이드를 2개 더 복제해요.

3 도형 모양 변경 기능으로 토끼의 표정을 바꿔요! ╌╌╌╌╌╌╌╌╌╌╌╌╌╌╌╌╌╌╌

1 [슬라이드 3]을 선택한 다음 토끼의 **입**을 클릭해요.

2 [도형( )]-[도형 편집( )] → **[도형 모양 변경]**에서 원하는 도형을 선택해요. 책에서는 [수식 도형-곱셈 기호( )]를 선택했어요.

3 똑같은 방법으로 토끼의 **눈**을 변경해요. 크기 및 위치를 적당히 조절하고, 필요에 따라 회전을 적용해요.

작품을 완성해요

▲ [슬라이드 4]

▲ [슬라이드 5]

❶ [도형 모양 변경] 기능을 이용하여 [슬라이드 4]와 [슬라이드 5]의 토끼 표정도 자유롭게 변경해 보세요.

 스스로 만들어요

실습파일 : 토끼_연습문제.show   완성파일 : 토끼_연습문제(완성).show

❶ [슬라이드 1]을 복제한 다음 '도형 모양 변경' 기능을 이용하여 슬라이드 오른쪽의 지문과 같이 상황에 알맞은 토끼의 표정을 만들어 보세요.

이만큼 배웠어요

퀴즈를 풀어보면서 지금까지 배운 내용을 정리해요.

1 한쇼 프로그램에서 글자나 그림을 넣어 문서를 작업하는 공간을 무엇이라고 할까요?

① 미리보기　　　　② 메뉴　　　　③ 슬라이드　　　　④ 디자인 테마

2 그림이나 도형을 복사하기 위한 방법이 아닌 것은 무엇일까요?

① [복사하기] → [붙이기]　　　　② Ctrl + 드래그
③ Esc　　　　④ Ctrl + C → Ctrl + V

3 다음은 어떤 기능을 이용하여 나온 결과일까요?

① 오려두기

② 선택한 슬라이드 복제

③ 레이아웃

④ 슬라이드 쇼

4 조개 껍데기의 분비물이 딱딱하게 굳어 만들어진 알갱이를 무엇이라고 부를까요?

5 낙타가 사막에서도 잘 살아갈 수 있는 이유를 한 가지만 적어보세요.

학생	선생님	부모님

  아래 작업 순서를 참고하여 자유롭게 슬라이드를 완성해요.

실습파일 : 8_연습문제.show   완성파일 : 8_연습문제(완성).show

작업 순서

❶ [슬라이드 2]의 아이템 꾸러미에서 원하는 아이템을 선택한 다음 복사해요.
  · 복사하기 : Ctrl + C

❷ 복사된 아이템을 [슬라이드 1]에 붙여 넣은 다음 크기와 위치를 적당하게 조절하여 캐릭터를 완성해요.
  · 붙이기 : Ctrl + V

❸ 도형을 삽입하여 캐릭터의 옷을 예쁘게 꾸며요.
  · 도형 삽입

  · 도형 서식(채우기 색, 선 색, 선 스타일, 도형 효과)

09 성별이 바뀌는 '물고기', 흰동가리

배 우 는 기 능

★ 슬라이드 배경에 그림을 채워요.
★ 이동 경로 애니메이션을 추가해요.

완성 작품 미리보기

▶ 실습파일 : 물고기.show   ▶ 완성파일 : 물고기(완성).show

재미난 동물이야기

여러분은 애니메이션 〈니모를 찾아서〉의 주인공을 알고 있나요? 붉은 오렌지 빛 작은 몸통에 흰색 세로 줄무늬가 그려진 귀여운 니모는 '흰동가리'라는 물고기랍니다. 흰동가리는 수컷에서 암컷으로 성별을 바꿀 수 있는 신기한 해양생물이에요. 이들은 종족 보존을 위해 우두머리 암컷이 죽게 되었을 때 같은 무리에 있던 수컷들 중 선택된 한 마리가 암컷으로 성별을 바꾸게 된다고 해요.

창의 놀이터

똑같은 바다 친구들이 각각 몇 마리인지 세어보고 빈 칸에 적어보세요.

① 슬라이드 배경에 그림을 채워요!

① 한쇼 NEO(2016) 프로그램을 실행하여 [Chapter 09_물고기]–**물고기.show** 파일을 불러와요.

② [슬라이드 1]의 빈 곳 위에서 마우스 오른쪽 버튼을 눌러 **[배경 속성]**을 클릭해요.

③ [배경 속성] 대화상자가 나타나면 [채우기]에서 **'질감/그림'**을 선택한 다음 <그림()>을 클릭해요.

④ [불러올 파일]-[chapter 09_물고기]-**배경.jpg** 파일을 선택하고 <넣기>를 클릭해요. 이어서, <적용>을 클릭해요.

⑤ 슬라이드의 배경에 멋진 바다 그림이 채워진 것을 확인해요.

② 물고기 그림에 애니메이션을 적용해요!

① [슬라이드 2]에서 **첫 번째 물고기(흰동가리)**를 복사한 다음 [슬라이드 1]에 붙여 넣어요.

▲ [슬라이드 2]　　　　　▲ [슬라이드 1]

② 물고기의 위치를 슬라이드의 왼쪽 밖으로 이동해요.

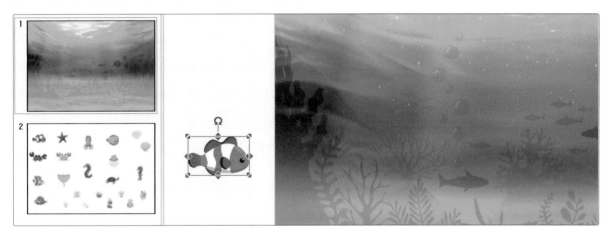

③ 물고기가 선택된 상태에서 [애니메이션]-[애니메이션 추가(★+)] → **[이동 경로-자유곡선(✎)]**을 클릭해요.

④ 마우스를 드래그하여 물고기가 헤엄칠 경로를 아래와 같이 그려보세요.

⑤ [애니메이션] 탭에서 '시작'을 **'이전 효과와 함께'**, '재생 시간'을 **'4초'**로 변경해요.

⑥ 이번에는 [슬라이드 2]에 있는 **불가사리**를 복사하여 [슬라이드 1]에 붙여보세요.

⑦ [애니메이션]-[애니메이션 추가(★₊)] → **[나타내기-회전하기(🐟)]**를 클릭해요.

⑧ [애니메이션] 탭에서 '시작'을 **'이전 효과와 함께'**로 변경해요.

작품을 완성해요

1️⃣ [슬라이드 2]의 그림을 복사하여 바다 풍경을 꾸며보고, 원하는 그림에 다양한 애니메이션을 적용해 보세요. 단, 애니메이션은 '이동 경로' 또는 '나타내기'에서 추가해요.

2️⃣ [애니메이션] 탭에서 '시작'을 '이전 효과와 함께'로 변경하고, 재생 시간을 적당하게 맞춰주세요.

3️⃣ 완성된 애니메이션은 F5를 눌러 확인할 수 있어요.

 스스로 만들어요   실습파일 : 물고기_연습문제.show   완성파일 : 물고기_연습문제(완성).show

1️⃣ 슬라이드 배경을 '연습문제배경.jpg' 이미지로 채워보세요.

2️⃣ [이동 경로-자유곡선(✏️)] 애니메이션을 활용하여 각각의 물고기들을 알맞은 그림자 위치로 이동시켜 보세요.

※ 물고기와 그림자가 일치하지 않아 경로를 다시 그리고 싶다면 오른쪽 [애니메이션] 창에서 해당 애니메이션을 제거한 후 다시 추가할 수 있어요.

'고양이'가 싫어하는 냄새

★ 개체 선택 창 기능을 활용하여 숨겨진 개체를 확인해요.
★ 그림의 배경을 투명하게 변경해요.

완성 작품 미리보기

▶ 실습파일 : 고양이.show   ▶ 완성파일 : 고양이(완성).show

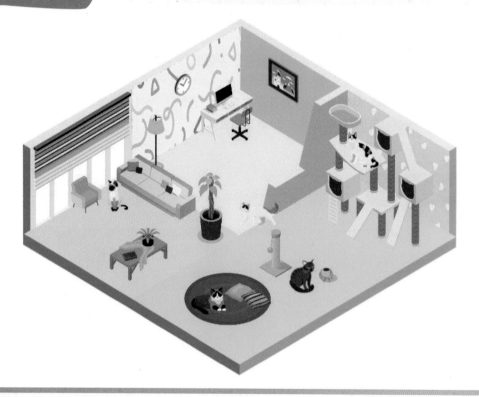

재미난 동물이야기

사람마다 좋아하는 냄새와 싫어하는 냄새가 있듯이 고양이도 냄새를 구분할 수 있다고 해요. 다만 조금 특이한 부분은 귤껍질, 향수, 커피, 민트와 같이 사람에게는 향기로 느껴지는 냄새가 고양이에겐 맡기 힘든 냄새라는 것이죠. 만약 고양이가 싫어하는 냄새를 지속적으로 맡게 되면 스트레스를 받아 불안 증세를 보인다고 하니 주의하는 것이 좋겠지요?

고양이 모양의 패턴을 분석하여 빈 칸에 들어갈 값을 찾아보세요.

1 개체를 보이게 하거나 숨겨보아요!

❶ 한쇼 NEO(2016) 프로그램을 실행하여 [Chapter 10_고양이]-**고양이.show** 파일을 불러와요.

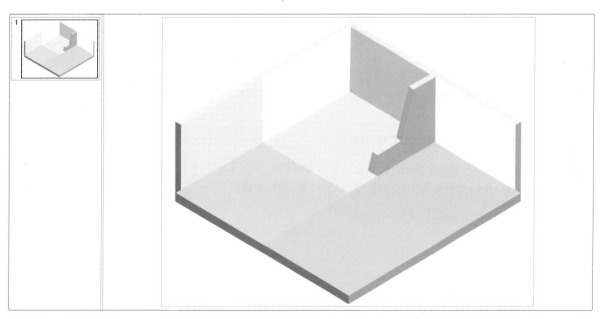

② [편집]-[개체 선택(📐)] → **[개체 선택 창]**을 클릭하여 빈 방에 어떤 종류의 그림이 숨어있는지 확인해볼까요?

③ 오른쪽 창이 나타나면 그림 목록에서 **'왼쪽벽지-1'**을 선택해요.

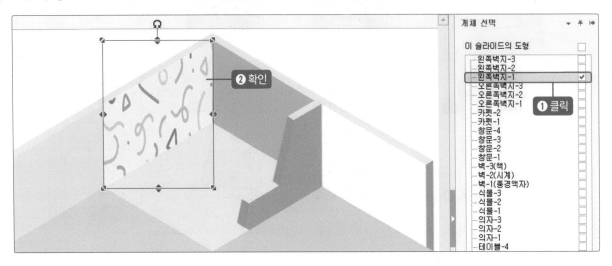

④ 다른 벽지를 선택하기 위해 해당 그림을 숨겨보도록 할게요. '왼쪽벽지-1' 오른쪽에 보이는 ☑**(체크 박스)**의 선택을 해제하면 현재 보이는 벽지를 숨길 수 있어요.

팁 **[개체 선택 창]은 언제 사용하나요?**

개체 선택 창은 현재 슬라이드에서 사용된 모든 개체(도형, 그림, 글자 등)를 확인할 수 있는 곳이에요. 크기가 너무 작아 선택이 어려운 개체를 작업해야 하는 경우에 많이 활용한다고 해요!

② 원하는 그림들을 이용하여 슬라이드를 꾸며요!

① 오른쪽 창에서 '1'이 붙어있는 그림들을 모두 선택하여 활성화 해보세요. 과연 어떤 방이 만들어질까요?

② [개체 선택 창]에 숨겨진 다른 그림을 활성화하여 예쁜 고양이 방을 꾸며 보세요. 불필요한 그림은 ☑ (체크 박스)의 선택을 해제하여 숨기는 것 잊지 마세요!

 팁 **그림이 보이지 않아요!**
'1'이 붙어있는 그림이 아니라면 대부분의 그림들은 슬라이드의 주변으로 나타날 거예요. 드래그하여 잘 배치해 보세요.

③ 그림을 삽입하고, 배경을 투명하게 바꿔요!

① 예쁘게 완성된 방에 고양이를 배치해 보도록 할게요. [입력]-[그림(🖼)]을 클릭해요.

② [불러올 파일]-[chapter 10_고양이]-**고양이그림1.jpg** 파일을 선택하고 <넣기>를 클릭해요.

③ [그림(🌷)]-[색조 조정(🖼)]→ **[투명한 색 설정]**을 클릭한 다음 그림의 **파란 배경**을 선택하여 고양이만 보이도록 남겨주세요.

④ 조절점(⬜)을 드래그하여 고양이의 크기를 조절한 다음 원하는 위치로 이동시켜보세요.

작품을 완성해요

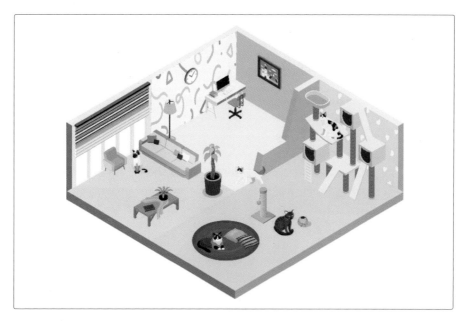

❶ 더 많은 고양이 그림을 삽입하여 배치해 볼까요? [투명한 색 설정] 기능으로 고양이 그림의 배경을
투명하게 하는 것도 잊지 마세요!

 스스로 만들어요   실습파일 : 고양이_연습문제.show   완성파일 : 고양이_연습문제(완성).show

❶ 개체 선택 창을 열어 숨겨진 아이템과 배경 그림을 활용하여 슬라이드를 꾸며보세요.
❷ 아이템의 회색 배경은 '투명한 색 설정'을 이용하여 삭제할 수 있어요.

'얼룩말'에게 그려진 얼룩무늬

★ 도형 안에 그림, 무늬를 채워요.
★ 그림을 삽입한 후 필요한 부분만 잘라보아요.

완성 작품 미리보기

▶ 실습파일 : 얼룩말.show   ▶ 완성파일 : 얼룩말(완성).show

재미난 동물이야기

얼룩말은 드넓은 야생에서 서식하는 동물이에요. 얼룩무늬가 보호색 역할을 하여 다른 동물의 위협으로부터 몸을 보호할 수 있답니다. 혹시 여러분은 얼룩말의 무늬를 자세히 본 적이 있나요? 얼룩말의 얼룩무늬는 '검정색 바탕에 흰색 무늬'일까요? '흰색 바탕에 검정색 무늬'일까요? 다음 페이지에서 정답을 확인해보세요.

얼룩말의 무늬는 '검정색 바탕에 흰색' 무늬예요. 연필로 색을 칠해 얼룩말을 완성해 주세요.

① 도형에 그림을 채워요!

① 한쇼 NEO(2016) 프로그램을 실행하여 [Chapter 11_얼룩말]-**얼룩말.show** 파일을 불러와요.

② 첫 번째 열기구의 원을 클릭한 다음 [도형(🐾)]-[채우기 색(🖌)] → **[그림]**을 선택해요.

③ [그림 넣기] 대화상자에서 [불러올 파일]-[chapter 11_얼룩말]-**무늬-1.jpg** 파일을 선택하고 <넣기>를 클릭해요.

④ 도형에 그림이 채워진 것을 확인한 다음 나머지 원에도 똑같은 방법으로 그림을 채워요.

② 도형에 무늬를 채워요!

① 첫 번째 열기구의 손잡이 위에서 마우스 오른쪽 버튼을 누른 다음 **[개체 속성]**을 선택해요.

② 대화상자가 나타나면 [채우기]-[무늬]-**'종류'**를 클릭하여 원하는 무늬를 선택해요. 그런 다음 무늬의 **'전경 색'**과 **'배경 색'**을 변경해 보도록 해요.

③ 도형에 무늬가 채워진 것을 확인한 다음 나머지 도형에도 무늬를 채워요.

3 그림을 삽입한 다음 필요한 그림만 잘라내요!

① [입력]-[그림()]을 클릭해요.

② [불러올 파일]-[chapter 11_얼룩말]-**동물.png** 파일을 선택하고 <넣기>를 클릭해요.

③ [그림()]-[**자르기**()]를 클릭해요.

④ 왼쪽 대각선 모서리의 **자르기 조절점**(┏)을 드래그하여 얼룩말이 표시되도록 한 다음 [Esc]를 눌러 그림을 자를 수 있어요. 이제 얼룩말의 위치를 변경해 볼까요?

❶ 동물 그림을 삽입하여 자르기 기능으로 원하는 부분만 남긴 다음 나머지 열기구에도 동물을 탑승 시켜 주세요.

 스스로 만들어요   실습파일 : 얼룩말_연습문제.show   완성파일 : 얼룩말_연습문제(완성).show

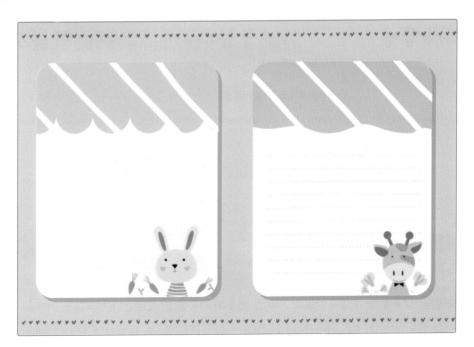

❶ 삽입된 도형에 '얼룩무늬.png' 그림을 채워보세요.

❷ '연습문제동물.png' 그림을 삽입한 후 필요한 부분을 잘라 원하는 동물을 넣어 보세요.

12 '장수말벌', '장수풍뎅이', '장수하늘소'

배 우 는 기 능

★ 스크린 샷 기능을 이용하여 그림을 삽입해요.
★ 한글을 한자로 변환해요.

완성 작품 미리보기

▶ 실습파일 : 장수_곤충.show   ▶ 완성파일 : 장수_곤충(완성).show

이름에 장수(將帥)가 들어간 곤충은 누구일까?

將帥말벌   將帥풍뎅이   將帥하늘소

곤충 이름 앞에 붙은 '장수(將帥)'라는 단어는 '군사를 거느리는 우두머리'라는 뜻을 가지고 있어요.

재미난 동물이야기

'장수말벌, 장수풍뎅이, 장수하늘소' 이러한 곤충의 이름을 한 번쯤은 들어보았을 거예요. 그렇다면 곤충 이름 앞에 붙은 '장수'는 무슨 의미일까요? 대부분 오래 산다는 뜻으로 생각할 수 있지만 정답은 '장군'이라는 단어의 의미와 비슷하여 '군사를 거느리는 우두머리'라고 해요.

창의 놀이터

예쁜 나비와 똑같은 모양의 그림자를 찾아 선으로 연결해 보세요.

1 입력된 내용을 한자로 바꿔요!

❶ 한쇼 NEO(2016) 프로그램을 실행하여 [Chapter 12_장수_곤충]-**장수_곤충.show** 파일을 불러와요.

이름에 장수(장수)가 들어간 곤충은 누구일까?

장수말벌　　　장수풍뎅이　　　장수하늘소

곤충 이름 앞에 붙은 '장수(將帥)'라는 단어는 '군사를 거느리는 우두머리'라는 뜻을 가지고 있어요.

② 제목에서 괄호 안에 입력된 **'장수'**를 드래그하여 블록으로 지정해요.

③ 키보드에서 한자를 눌러 **'將帥'**를 찾아서 클릭해요.

2 스크린 샷으로 그림을 넣고 그림 스타일을 지정해요!

① '마이크로소프트 엣지( )'나 '크롬( )' 등의 브라우저를 실행한 다음 검색 상자에서 **"장수말벌"**을 검색해요.

② 검색 후 **[이미지]**를 클릭하여 원하는 그림을 선택해요.

③ 작업 중이던 한쇼 프로그램을 다시 열어주세요.

④ 화면을 캡쳐하기 위해 [입력]-[스크린 샷(📷)]을 클릭해요. [스크린 샷] 대화상자가 나오면 <화면 캡쳐>를 클릭해요.

⑤ 검색한 그림을 드래그하여 삽입할 영역을 지정한 후 그림이 삽입되면 크기와 위치를 변경해요.

❻ [그림(🌷)]-[그림 스타일]-↓를 클릭하여 그림에 적용하고 싶은 스타일을 선택해요.

❼ 똑같은 방법으로 **장수풍뎅이**와 **장수하늘소** 사진을 넣고 스타일을 적용해 보세요.

작품을 완성해요

① 입력된 내용의 글꼴 모양을 변경한 후 '장수'를 한자로 변경해요.

 스스로 만들어요

실습파일 : 장수_곤충_연습문제.show
완성파일 : 장수_곤충_연습문제(완성).show

① 입력된 제목에서 '곤충'을 한자로 변경한 다음 글꼴 서식을 자유롭게 지정해보세요.
② 좋아하는 곤충의 그림을 스크린 샷으로 삽입하고 그림 스타일을 적용해요.

13 남극에는 '펭귄', 북극에는 '곰'

배우는 기능

★ 퍼즐 조각을 드래그하여 작품을 만들어요.
★ 워드숍을 삽입하여 글자를 꾸며요.

완성 작품 미리보기

▶ 실습파일 : 펭귄_곰.show   ▶ 완성파일 : 펭귄_곰(완성).show

재미난 동물이야기

비슷해 보이는 남극과 북극은 기후 환경이 전혀 다른 곳이에요. 남극은 얼음으로 덮인 거대한 땅으로 펭귄들은 얼음과 추위에 견딜 수 있는 적응력을 가지고 있으며 추운 바다에서 서식하는 물고기를 먹고 살지요. 북극은 남극보다는 추위가 덜하며, 여름에는 비교적 따뜻한 기온을 나타낸답니다. 특히 한여름에는 포도와 같은 나무 열매가 곰의 먹이라고 해요.

아래 이미지를 비교하여 서로 다른 부분 5곳을 찾아 체크해 보세요.

1 퍼즐을 완성해요!

1 한쇼 NEO(2016) 프로그램을 실행하여 [Chapter 13_펭귄_곰]-**펭귄_곰.show** 파일을 불러와요.

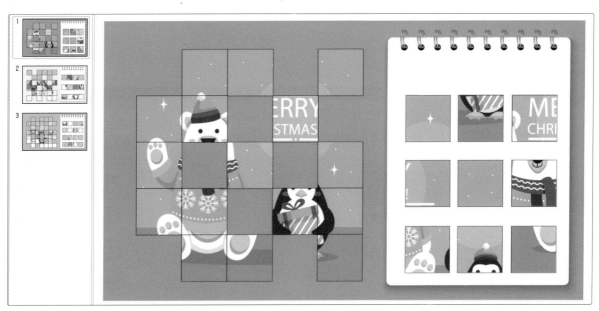

② [슬라이드 1]에서 오른쪽 퍼즐 조각을 하나씩 드래그하여 표 안에 퍼즐 그림을 완성해요.

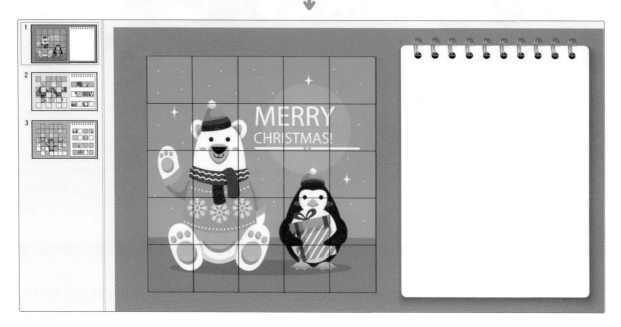

2 워드숍을 삽입해요!

① [입력]-[워드숍(가나다)]을 클릭하여 원하는 스타일을 선택해요.

❷ '내용을 입력하세요.' 텍스트를 지우고 퍼즐 그림에 어울리는 내용을 입력해보세요.

 팁 **텍스트 줄바꿈하기**

'즐거운'을 입력한 후 Enter 를 누르면 아래 줄에 내용을 입력할 수 있도록 줄바꿈이 실행돼요.

❸ **조절점(⊟)**을 드래그하여 워드숍 글상자의 크기를 줄여요.

❹ 워드숍 글상자의 테두리를 드래그하여 오른쪽 메모지로 위치를 이동해요.

③ 워드숍의 글꼴 서식을 변경해요!

① 워드숍의 글꼴을 변경하기 위해 입력된 내용을 블록으로 지정한 다음 [서식 도구 상자]에서 원하는 글꼴을 선택해요.

② 이어서, 글자를 **가운데 정렬(☰)**하여 [슬라이드 1]의 워드숍을 완성해요.

작품을 완성해요

▲ [슬라이드 2]

▲ [슬라이드 3]

① [슬라이드 2]의 퍼즐을 완성해보세요.

② 워드숍을 삽입하여 원하는 내용을 입력한 후 글꼴 서식을 변경해요.

③ [슬라이드 3]도 동일한 방법으로 완성해요.

 스스로 만들어요

실습파일 : 펭귄_곰_연습문제.show
완성파일 : 펭귄_곰_연습문제(완성).show

① 퍼즐 조각을 이용하여 퍼즐을 완성해요.

② 원하는 디자인의 워드숍을 삽입한 후 내용을 입력해요.

③ 워드숍의 글꼴 서식을 자유롭게 변경해요.

14 물을 마시지 않는 '코알라'

배 우 는 기 능

★ RGB 색상을 입력하여 도형에 색을 채워보아요.
★ 맞춤 기능을 이용하여 도형들을 정렬해요.

완성 작품 미리보기

▶ 실습파일 : 코알라.show   ▶ 완성파일 : 코알라(완성).show

오늘의 할 일

☐ --------------------------------
☐ --------------------------------
☐ --------------------------------
☐ --------------------------------
☐ --------------------------------
☐ --------------------------------
☐ --------------------------------

재미난 동물이야기

　　지구상에 물을 마시지 않고 살 수 있는 동물은 없습니다. 그러나 '물을 먹지 않는다.'라는 뜻의 이름을 가진 '코알라'는 실제로 물을 거의 먹지 않는 동물이에요. 그렇다면 어떻게 수분을 섭취할 수 있을까요? 하루 20시간 동안 수면에 빠지는 코알라는 잠자는 시간을 제외하고는 유칼립투스 나뭇잎을 먹는 데 시간을 보내요. 코알라는 유칼립투스 나뭇잎에 맺힌 이슬을 먹기 때문에 물 없이 살아갈 수 있지요.

유칼립투스 나무에 도착할 수 있는 코알라는 누구일까요?

1 RGB 색상 입력으로 도형에 색을 채워요!

1 한쇼 NEO(2016) 프로그램을 실행하여 [Chapter 14_코알라]-**코알라.show** 파일을 불러와요.

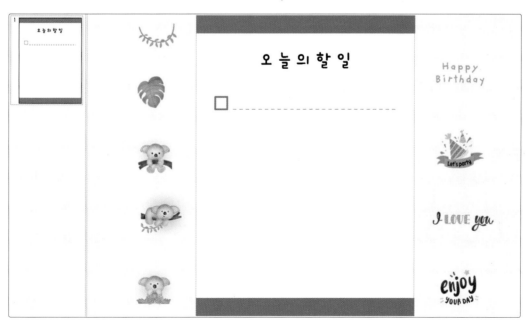

② Shift를 누른 채 위, 아래에 있는 도형을 각각 클릭하여 두개의 도형을 한 번에 선택해요.

③ [도형( )]-[채우기 색( )] → **[다른 색]**을 선택해요.

④ [색] 대화상자가 나타나면 오른쪽 RGB 색상 입력 칸에 순서대로 **132, 199, 195** 숫자를 입력한 후 **<설정>**을 클릭해요.

⑤ 이번에는 체크박스의 선 색을 변경하기 위해 [도형( )]-[선 색( )]-↓를 클릭한 후 [다른 선]을 선택합니다. RGB 색상 입력 칸에 순서대로 **255, 159, 152** 숫자를 입력한 후 **<설정>**을 클릭해요.

② 개체를 그룹화해서 복사해요!

① Shift 를 누른 상태에서 체크박스와 선을 각각 선택한 후 [도형(🖼)]-[그룹(🖻))]-**[개체 묶기]**를 클릭하여 하나의 개체로 만들어요.

② Ctrl + C 키를 눌러서 그룹으로 지정된 개체를 복사해요. 이어서, Ctrl + V 키를 6번 반복하여 눌러 **총 7개의 체크리스트**를 만들어요.

팁 **키보드 조합키를 활용하여 쉽게 복사해요!**

① Ctrl 을 누른 상태에서 도형을 원하는 곳으로 드래그하여 복사할 수 있어요.

② Ctrl + Shift 를 누른 상태에서는 도형을 드래그하면 반듯하게 복사가 가능해요.

③ 맞춤 기능으로 체크리스트를 정렬해요 !

❶ 복사된 개체 중 하나를 아래쪽으로 이동시킨 후 드래그하여 다음과 같이 선택해요.

❷ [도형(🖼️)]-[맞춤(📑)]-[세로 간격을 동일하게]를 선택해요.

❸ [도형(🖼️)]-[맞춤(📑)]-[왼쪽 맞춤]을 선택하여 체크리스트를 정렬해요.

작품을 완성해요

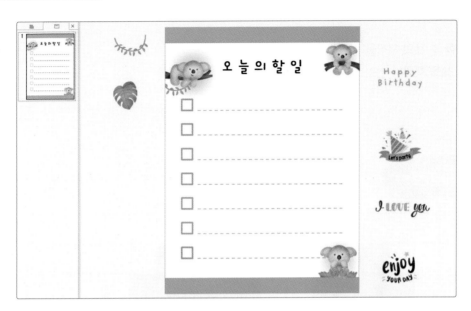

❶ 슬라이드 주변의 그림을 활용하여 예쁘게 완성해보세요.

 스스로 만들어요 실습파일 : 코알라_연습문제.show 완성파일 : 코알라_연습문제(완성).show

RGB(255, 239, 153)

RGB(155, 229, 200)

RGB
(216, 190, 228)

❶ RGB 색상값을 입력하여 채우기 색을 바꿔요.

❷ [그룹화]-[개체 묶기]를 이용하여 내용이 입력된 도형을 그룹으로 지정해요.

❸ Ctrl + C 를 눌러 복사한 후, Ctrl + V 를 4번 눌러 모두 5개의 개체를 만들어요.

❹ [도형]-[맞춤]에서 [세로 간격을 동일하게], [왼쪽 맞춤]을 이용하여 도형을 정렬해요.

❺ 필요한 내용을 입력해요.

❻ 주변의 그림들을 활용하여 예쁘게 꾸며요.

15 '거북'은 정말 느릴까

★ 표를 삽입한 후 표의 서식을 변경해요.
★ 표 안쪽에 색을 채워보아요.

완성 작품 미리보기

▶ 실습파일 : 없음   ▶ 완성파일 : 거북(완성).show

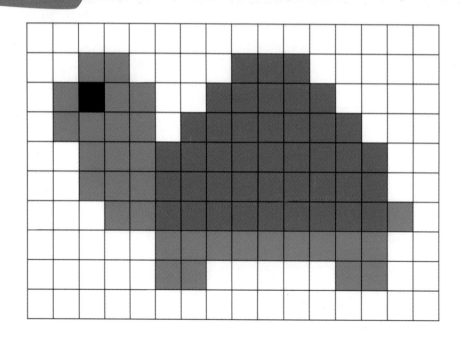

재미난 동물이야기

거북은 느림보 캐릭터로 동화 이야기에 자주 등장하는 동물이지요. 그러나 사실 거북은 적에게 쫓기거나 크게 서두를 일이 없다면 가능한 천천히 움직여서 힘을 아낀답니다. 빨리 움직이기를 포기한 동물이라고 말할 수 있겠죠. 또한 일반적인 수영 선수의 헤엄 속도가 6km가 채 되지 않지만 거북은 평균 25km의 시속으로 헤엄칠 수 있다고 하니 물속에서는 예상외로 빠른 동물이네요!

아래 거북들 중에서 중복없이 유일하게 혼자만 다른 패턴의 등딱지를 가진 거북을 찾아보세요.

1 한쇼를 실행한 다음 레이아웃을 바꿔요!

① 한쇼 NEO(2016) 프로그램을 실행한 다음 Esc 를 눌러요.

제목을 입력하십시오

부제목을 입력하십시오

② 슬라이드를 비어있는 레이아웃으로 변경하기 위해 [편집]-[레이아웃(▦)] → **[빈 화면]**을 선택해요.

2 표를 삽입하여 서식을 지정해요!

① [입력]-**[표(▦)]**를 클릭하여 줄 수와 칸 수를 아래 그림과 같이 입력한 다음 <만들기>를 클릭해요.

2 표 주변의 조절점(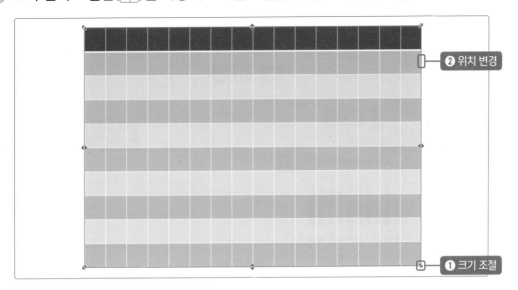)을 이용해 크기를 조절한 다음 표의 테두리를 드래그하여 위치를 변경합니다.

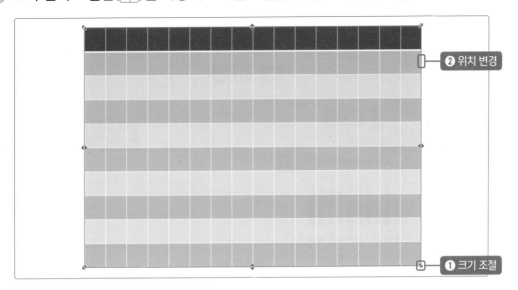

3 [표(▦)]-[테두리(▢)] → **[모든 테두리(▦)]**를 클릭해요.

4 [표(▦)]-[채우기 색(🎨)] → **[색 없음]**을 클릭하여 픽셀아트 작품을 만들기 위한 준비를 모두 마쳐요.

③ 표 안에 색을 채워요!

① 표 안쪽 셀을 선택한 다음 [표( )]-[채우기 색( )] → 녹색 계열의 색상을 선택해요.

> **팁 색을 잘못 칠했어요!**
>
> 색을 잘못 칠했을 때는 원하는 색으로 다시 채워주면 돼요.
> 만약 비어있어야 하는 칸에 색을 채웠다면 [표( )]-[채우기 색( )] → [색 없음]을
> 선택하세요.

② 다음 과정을 따라하여 **거북의 눈**을 만들어 보세요.

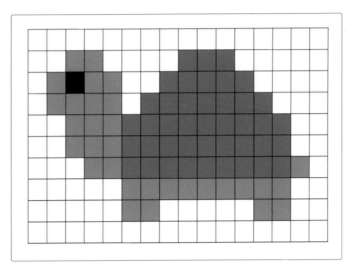

① 표 안에 색을 채워 거북 픽셀아트를 완성해 보세요. 거북의 색상이나 모양은 자유롭게 만들어도 좋아요!

실습파일 : 없음   완성파일 : 거북_연습문제(완성).show

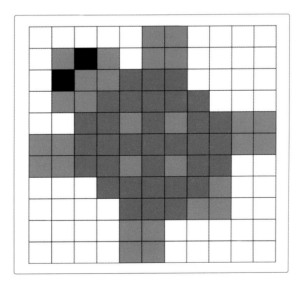

① 한쇼 프로그램을 실행한 다음 레이아웃을 '빈 화면'으로 지정해요.
② 줄 수와 칸 수를 '11'로 지정하여 표를 삽입한 후 [테두리]-'모든 테두리', [채우기 색]-'색 없음'으로 지정해요.
③ 표 안에 색을 채워 거북 픽셀아트를 완성해 보세요.

16 이만큼 배웠어요

퀴즈를 풀어보면서 지금까지 배운 내용을 정리해요.

1 한 번의 클릭으로 그림에 효과를 적용할 수 있는 기능은 무엇일까요?

將帥 말벌　　將帥 풍뎅이　　將帥 하늘소

① 그림 채우기　　② 그림 스타일　　③ 그림 편집　　④ 그림 자르기

2 한쇼에서 제공하는 기능 중 글자를 쉽게 꾸밀 수 있도록 도와주는 기능은 무엇일까요?

마린북스 ➜ 마린북스

① 워드숍　　② 메모　　③ 글상자　　④ 그리기마당

3 한쇼에서 제공하는 기능 중 인터넷 그림을 캡처하여 넣을 수 있도록 도와주는 기능은 무엇일까요?

① 스크린샷　　② 동영상　　③ 표　　④ 앨범 만들기

4 얼룩말의 무늬는 '검정색 바탕에 흰 무늬일까요?' '흰색 바탕에 검정색 무늬일까요?'

5 알이 아닌 새끼를 낳는 동물을 포유류라고 불러요. 포유류 동물을 5종류만 적어보세요.

학생	선생님	부모님

아래 작업 순서를 참고하여 자유롭게 슬라이드를 완성해요.

실습파일 : 16_연습문제.show　　완성파일 : 16_연습문제(완성).show

작업 순서

❶ 슬라이드 왼쪽에 입력되어 있는 제목에 워드숍을 적용해요.

- 워드숍 : [도형(　)]-[워드숍]-↓

❷ 줄 수와 칸 수 모두 '3'으로 맞추어 표를 삽입한 다음 서식을 변경해요.

- 표 삽입 : [입력]-[표(　)]
- 표 테두리 : [표(　)]-[테두리(　)] → [모든 테두리]
- 채우기 색 : [표(　)]-[채우기 색] → [색 없음]

❸ 동물 그림을 삽입한 후 그림의 배경을 투명하게 지정하고 표 안에 배치해요.

- 그림 삽입 : [입력]-[그림(　)]
- 배경 투명하게 지정 : [그림(　)]-[색조 조정(　)] → [투명한 색 설정]

❹ F5를 눌러 슬라이드 쇼를 실행해요. 마우스 오른쪽 버튼을 눌러 [펜 설정]-[펜]을 선택한 다음 빙고 게임을 해보세요.

괴짜 포유류 '오리너구리'

배 우 는 기 능

★ 문단 오른쪽 이동 기능을 이용하여 문단의 수준을 늘려요.

★ 줄 간격을 변경해요.

★ 번호 매기기 및 글머리표를 지정해요.

완성 작품 미리보기

▶실습파일 : 오리너구리.show　　▶완성파일 : 오리너구리(완성).show

'오리너구리'는 왜 괴짜 포유류일까?

① 오리너구리의 생김새

　➢ 몸통은 너구리같이 생겼어요.

　➢ 오리처럼 주둥이와 물갈퀴를 가지고 있어요.

　➢ 포유류는 이빨이 있지만 오리너구리는 이빨이 없어요.

② 오리너구리의 특징

　➢ 포유류는 새끼를 낳지만 오리너구리는 알을 낳아요.

　➢ 뒷발에 독을 가지고 있어요.

③ 오리너구리가 사는 곳

　➢ 연못이나 늪지대 같은 곳에 살지만 육지에서도 함께 생활해요.

재미난 동물이야기

　　토끼, 강아지, 고양이, 사자 등 새끼를 낳는 동물을 '포유류'라고 해요. 닭이나 새처럼 알을 낳거나, 뱀과 같이 비늘이 있는 동물이 아니라면 대부분 포유류에 속하겠지요. 오늘 살펴볼 '오리너구리'라는 동물은 포유류의 생김새와 비슷하지만 알을 낳기 때문에 괴짜 포유류라고 불립니다. 자 그렇다면 오리너구리의 또다른 특징은 무엇이 있는지 자세히 살펴보도록 할까요?

일정한 규칙대로 나열된 포유류 친구들이에요. 빈 칸에는 어떤 동물이 들어갈까요?

여우

1 목록 수준과 줄 간격을 변경해요!

① 한쇼 NEO(2016) 프로그램을 실행하여 [Chapter 17_오리너구리]-**오리너구리.show** 파일을 불러와요.

② 아래 그림과 같이 텍스트를 블록으로 지정해요. 단, 앞쪽 기호는 블록으로 지정되지 않아요.

③ [서식]-[⬛(문단 오른쪽 이동)]을 클릭해요.

④ 내용이 보기 좋게 구분되면 [서식]-[간격1.10 ▾ (줄 간격)] → 1.50을 선택하여 줄 간격을 넉넉하게 변경해 보세요.

⑤ 동일한 방법으로 나머지 문단을 오른쪽으로 이동시키고 줄 간격을 넓혀주세요.

② 문단 번호를 지정해요!

① 아래 그림과 같이 텍스트를 블록으로 지정해요.

② [서식]-[☰▾(번호 매기기)] → **원 숫자**를 선택해요.

③ 동일한 방법으로 번호 매기기를 적용해보세요.

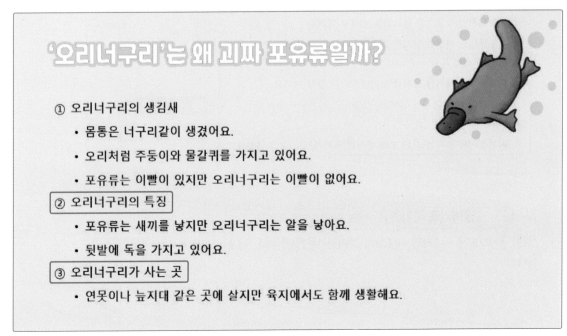

3 글머리표를 지정해요!

① 아래 그림과 같이 텍스트를 블록으로 지정해요.

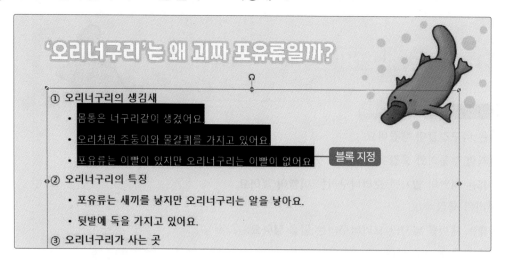

② [서식]-[☰▾(글머리표 매기기)] → **화살표 글머리표**를 선택해요. 아래 그림을 참고하여 나머지 내용에도 화살표 글머리표를 적용해 보세요.

팁 [☰▾(글머리표 매기기)] → ☰ 글머리표/번호 모양(B)...

<그림 글머리표>를 이용하면 여러 가지 그림(아이콘)을 글머리 기호로 사용할 수 있어요.

작품을 완성해요

'오리너구리'는 왜 괴짜 포유류일까?

① 오리너구리의 생김새
   ➤ 몸통은 너구리같이 생겼어요.
   ➤ 오리처럼 주둥이와 물갈퀴를 가지고 있어요.
   ➤ 포유류는 이빨이 있지만 오리너구리는 이빨이 없어요.
② 오리너구리의 특징
   ➤ 포유류는 새끼를 낳지만 오리너구리는 알을 낳아요.
   ➤ 뒷발에 독을 가지고 있어요.
③ 오리너구리가 사는 곳
   ➤ 연못이나 늪지대 같은 곳에 살지만 육지에서도 함께 생활해요.

❶ 입력된 내용의 글자 색을 변경하여 슬라이드를 완성해 보세요.

스스로 만들어요

실습파일 : 오리너구리_연습문제.show
완성파일 : 오리너구리_연습문제(완성).show

멸종 위기에 처한 동물에 대해 알아보자!

❖ 멸종위기종이란?

1) 생물의 한 종류가 아주 없어질 수 도 있는 위험한 시기를 말해요.
2) 특정 지역이나 국가에서 멸종위기 종을 지정할 수 있어요.
3) 개체수가 급격히 감소할 때 멸종위 기종으로 지정하게 돼요.

◆ 우리나라의 멸종위기종 동물

① 반달가슴곰
② 두꺼비
③ 참달팽이
④ 호랑이

오리너구리는 아직 멸종위기에 처하지는 않았지만 멸종위기종 동물을 준비하고 있다고 해요. 동물들이 지구에서 멸종하지 않고 잘 살아갈 수 있도록 많은 관심을 가지는 것이 어떨까요?

❶ 위 이미지를 참고하여 문단 오른쪽 이동을 적용한 다음 글머리표 및 번호 매기기를 지정해 보세요.
❷ 줄어든 줄 간격을 적당하게 조절한 다음 글꼴 서식을 자유롭게 변경해 보세요.

18 귀여운 '햄스터'의 특징

배 우 는 기 능

★ 슬라이드에 입력된 텍스트를 워드숍으로 변경해요.
★ 워드숍에 다양한 글자 효과를 추가해요.

완성 작품 미리보기　　　▶ 실습파일 : 햄스터.show　　▶ 완성파일 : 햄스터(완성).show

재미난 동물이야기

　　　빵빵한 볼, 새초롬한 표정, 작고 귀여운 매력을 가진 햄스터는 많은 가정에서 반려동물로 키우고 있는 동물 중 하나이죠. 그러나 생김새와 다르게 햄스터는 예민하고 겁이 많은 동물이랍니다. 사람이 억지로 다가 갔을 때는 공격을 하기도 하며, 손으로 자주 만졌을 때 극심한 스트레스를 받는다고 해요. 그렇다면 햄스터와 교감할 수 있는 방법은 무엇일까요?

아래 조건과 일치하는 햄스터를 찾아보세요.

1 워드숍을 삽입해요!

1 한쇼 NEO(2016) 프로그램을 실행하여 [Chapter 18_햄스터]-**햄스터.show** 파일을 불러와요.

❷ [입력]-[**워드숍()**]을 클릭하여 원하는 스타일을 선택해요.

❸ '내용을 입력하세요.' 텍스트를 지우고 **'햄스터가 좋아하는 것'**이라고 입력해요.

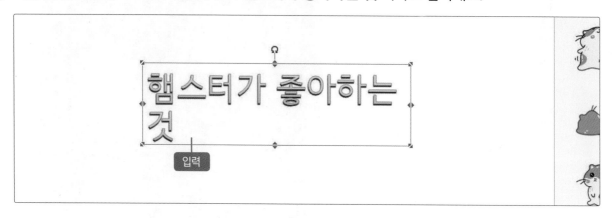

❹ 워드숍 내용의 글꼴과 글자 크기를 변경하고 위치를 슬라이드의 왼쪽 상단으로 이동해요.

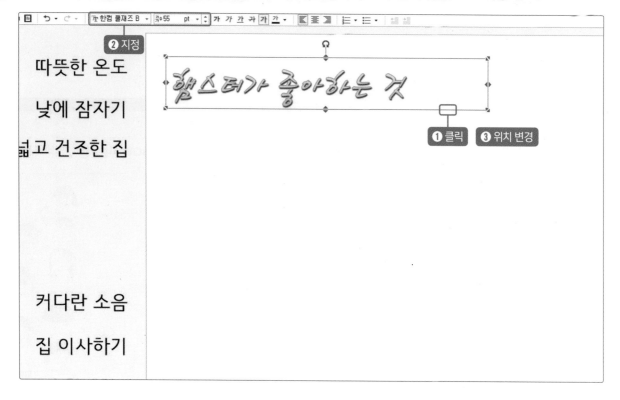

② 워드숍에 글자 효과를 추가해요!

① [도형(🔲)]-[글자 효과(가)]-[네온]에서 원하는 네온 효과를 선택해요.

② **'햄스터가 좋아하는 것'** 아래쪽에 다음과 같이 햄스터 그림을 배치해요. 햄스터 그림은 슬라이드 바깥쪽에 있어요.

❸ 이어서, 알맞은 내용이 입력된 글상자를 드래그하여 배치해요.

❹ 글상자를 선택한 후 [도형(▨)]-[워드숍 스타일]-↓을 클릭하여 원하는 스타일의 워드숍으로 변환해요.

❺ 워드숍에 다양한 **글자 효과(가)**를 추가해서 더욱 멋지게 꾸며보세요. 글자가 휘어보이는 효과는 [변환]을 이용했답니다!

 팁 **글꼴 서식 변경**

[서식 도구 상자]에서 글꼴 서식을 변경하면 더 멋진 작품이 완성될 거예요.

작품을 완성해요

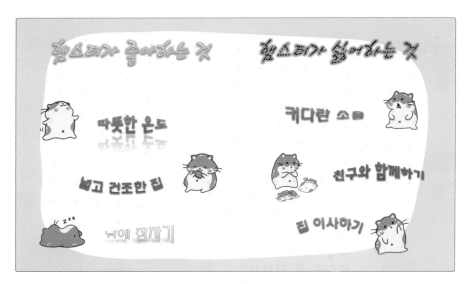

① 워드숍을 이용하여 '햄스터가 싫어하는 것'을 입력해요.

② 슬라이드의 빈 곳 위에서 마우스 오른쪽 버튼을 클릭하여 [배경 속성]-[질감/그림]-[그림]에서 원하는 배경 그림을 삽입해요. 그림은 [Chapter 18_햄스터] 폴더에 있어요!

③ 배경에 그림이 삽입되면 워드숍과 햄스터 이미지의 위치를 알맞게 조절하여 작품을 완성해 보세요.

 스스로 만들어요   실습파일 : 햄스터_연습문제.show   완성파일 : 햄스터_연습문제(완성).show

① 슬라이드에 입력된 글상자와 그림을 드래그하여 물을 좋아하는 동물과 싫어하는 동물을 구분시켜요.

② 글상자를 워드숍으로 변경한 후 원하는 글자 효과(네온, 변환 등)를 적용해요.

19 '원숭이' 엉덩이는 빨개

배 우 는 기 능

★ 한쇼의 그림 편집 기능을 활용하여 그림의 불필요한 부분을 지워요.
★ 글상자를 넣어 말풍선에 대화를 입력해요.

완성 작품 미리보기 ▶ 실습파일 : 원숭이.show ▶ 완성파일 : 원숭이(완성).show

재미난 동물이야기

원숭이 엉덩이는 왜 빨간색일까요? 게와 원숭이가 서로 맛있는 떡을 먹겠다고 다툼을 하다가 게가 집게발로 원숭이 엉덩이를 물어뜯어 빨갛게 되었다는 재미난 유래가 있어요. 그러나 사실 동물에게는 멜라닌이란 색소가 존재하는데 이 색소가 부족하면 피가 비쳐 빨갛게 보인다고 해요. 사람의 입술도 똑같은 이유로 빨갛게 보이는 것이죠!

에도쿠 게임 규칙을 읽어보고 표 안에 들어갈 원숭이 표정을 그려보세요.

첫째,

표의 가로 줄에 똑같은 그림을 배치하지 않아요.

둘째,

표의 세로 줄에 똑같은 그림을 배치하지 않아요.

셋째,

빈 칸에 들어갈 원숭이 표정을 그려넣어요.

1 남자 아이 사진의 배경을 제거해요!

1 한쇼 NEO(2016) 프로그램을 실행하여 [Chapter 19_원숭이]-**원숭이.show** 파일을 불러와요.

➋ [입력]-[그림(🖼)]을 클릭하여 [불러올 파일]-[chapter 19_원숭이]-**남자아이.jpg** 파일을 삽입해요.

➌ 그림이 삽입되면 [그림(🎤)]-[사진 편집(🖼)]을 클릭해요.

 💡 **메뉴 이름이 달라요!**

프로그램 버전 및 사용 환경에 따라 메뉴 이름이 '한포토로 편집(🖼)'으로 표시될 수 있어요.

➍ [**투명 효과(▦)**]를 클릭하여 그림의 회색 배경을 선택해요.

⑤ 배경이 투명하게 바뀐 것을 확인한 후 <적용>을 눌러요.

2 **원숭이와 얼굴을 합성한 다음 글상자를 넣어요!**

① 사진의 크기가 너무 커서 다음 작업이 힘들어요. [그림(●)]-[자르기(✂)] → '**자유형으로 자르기**'
를 이용하여 얼굴 주변을 드래그 해보세요.

② 다음 과정을 참고하여 왼쪽 원숭이와 얼굴을 합성해보세요.

③ [입력]-[글상자(ॻ)]를 클릭한 다음 말풍선 부분을 선택해요. 커서가 깜빡이면 원하는 내용을 입력해보세요.

작품을 완성해요

① 여자 아이 그림을 삽입한 다음 배경을 제거하고 오른쪽 원숭이와 합성해 주세요.

② 말풍선에 입력된 내용의 글꼴 서식을 변경해 보세요.

실습파일 : 원숭이_연습문제.show   완성파일 : 원숭이_연습문제(완성).show

① 각 슬라이드에 삽입되어 있는 원숭이 그림의 배경을 제거해요.

20 '캥거루' 아기주머니와 이름의 비밀

★ 하이퍼링크를 넣어 원하는 슬라이드로 이동할 수 있어요.
★ 워드숍을 이용하여 글자를 입력해요.

완성 작품 미리보기

▶ 실습파일 : 캥거루.show   ▶ 완성파일 : 캥거루(완성).show

재미난 동물이야기

캥거루의 임신 기간은 30일로 매우 짧은 편에 속하며 새끼 캥거루는 2.5cm, 1g으로 어린이의 엄지손가락만큼 작은 크기로 태어나요. 이렇게 태어난 새끼 캥거루는 어미 캥거루의 아기 주머니 안에서 젖을 먹고 따뜻하게 보호를 하다가, 6개월 정도의 기간이 지나면 아기 주머니 밖으로 얼굴을 내밀고 세상과 마주하게 되지요.

호주와 관련된 단어를 찾아보고, 새롭게 찾은 단어가 있다면 친구들과 비교해 보세요!

▶ 주머니, 코알라, 악어, 사슴, 야생, 호주, 다람쥐, 호랑이, 근육, 권투, 달리기

① 특정 슬라이드로 이동하는 하이퍼링크를 삽입해요!

❶ 한쇼 NEO(2016) 프로그램을 실행하여 [Chapter 20_캥거루]-**캥거루.show** 파일을 불러와요.

② [슬라이드 1]에서 **'첫회부터'** 단추를 선택한 다음 [입력]-**[하이퍼링크(🌐)]**를 클릭해요.

▲ [슬라이드 1]

 🔵 **하이퍼링크란 무엇인가요?**

하이퍼링크란 특정 부분을 클릭했을 때 문서의 다른 부분으로 이동할 수 있는 기능을 말해요. 현재 사용 중인 문서나 전혀 다른 문서에도 적용시킬 수 있으며, 인터넷 사이트로도 이동이 가능하답니다.

③ 아래와 같이 옵션을 지정한 다음 <넣기>를 클릭해요. **'첫회부터'** 단추를 누르면 **[슬라이드 2]**로 넘어 가도록 지정하는 과정이에요.

 🔵 **적용된 하이퍼링크를 확인해요!**

F5를 눌러 슬라이드 쇼를 실행한 다음 [슬라이드 1]에서 '첫회부터' 단추에 마우스를 올리면 마우스 포인터가 🖑 모양으로 바뀌고, 해당 부분을 클릭하면 [슬라이드 2]로 이동하는 것을 확인할 수 있어요.

② 다음 슬라이드로 이동하는 하이퍼링크를 삽입해요!

① 이번에는 [슬라이드 2]에서 '**오른쪽 화살표**' 단추를 선택한 다음 [입력]-[**하이퍼링크(🌐)**]를 클릭해요.

▲ [슬라이드 2]

② 아래와 같이 옵션을 지정한 다음 <넣기>를 클릭해요. '**오른쪽 화살표**' 단추를 누르면 다음 슬라이드로 넘어가도록 지정하는 과정이에요.

③ 아래 과정을 참고하여 하이퍼링크가 지정된 '**오른쪽 화살표**' 단추를 **복사**하여 [**슬라이드 3**]에 붙여 넣어주세요.

▲ [슬라이드 2]　　　▲ [슬라이드 3]　　　▲ [슬라이드 3]

④ 복사된 '오른쪽 화살표' 단추를 [슬라이드 4] ~ [슬라이드 6]에도 똑같이 붙여 넣어주세요.

▲ [슬라이드 4]　　　　　▲ [슬라이드 5]　　　　　▲ [슬라이드 6]

③ 워드숍을 이용하여 글자를 입력해요!

① [슬라이드 8]에서 [입력]-[워드숍(가나다)]을 클릭하여 원하는 스타일을 선택해요.

② '-END-' 내용을 입력한 후, 원하는 대로 글자 서식을 변경하고 위치를 이동시켜 완성해요.

작품을 완성해요

❶ [슬라이드 7]의 'X 모양' 단추를 선택한 후 [입력]-[하이퍼링크(🌐)]를 클릭해요.

❷ 하이퍼링크를 '쇼 마침'으로 선택한 다음 <넣기>를 클릭해요.

❸ F5 를 눌러 슬라이드 쇼를 실행한 다음 마지막 슬라이드의 'X 모양' 단추를 눌렀을 때 슬라이드 쇼가 종료되는지 확인해요.

 스스로 만들어요　　실습파일 : 캥거루_연습문제.show　　완성파일 : 캥거루_연습문제(완성).show

❶ [슬라이드 1]의 '서식지, 크기, 종류, 먹이'를 선택했을 때 알맞은 슬라이드로 이동할 수 있도록 하이퍼링크를 삽입해 보세요.

❷ [슬라이드 2] ~ [슬라이드 5]에 [실행 단추-실행단추 : 홈(🏠)] 도형을 넣어 첫 번째 슬라이드로 이동할 수 있도록 해요. 실행 단추를 이용하면 하이퍼링크가 자동을 삽입되어 편리해요.

❸ 홈 단추에 원하는 도형 스타일을 적용해 보아요.

21 점프의 왕 '돌고래'

★ 슬라이드에 동영상을 삽입해요.
★ 그림에 여러 가지 애니메이션을 추가한 후 재생 옵션을 변경해요.

완성 작품 미리보기   ▶ 실습파일 : 돌고래.show   ▶ 완성파일 : 돌고래(완성).show

재미난 동물이야기

돌고래는 주둥이가 길게 튀어나와있고 웃고 있는 것처럼 보이는 귀여운 표정이 특징이지요. 돌고래가 바다에서 점프를 하는 이유를 알고 있나요? 다양한 이유가 있겠지만 특히 포식자로부터 위협을 받거나, 먹이를 발견했을 때 등 큰 일이 벌어졌을 때 점프를 한다고 해요. 또한 몸에 붙은 따개비나 기생충을 떼어내기 위해서도 점프를 한다고 합니다.

118

창의 놀이터

가로/세로 열쇠를 참고하여 재미있는 십자말풀이를 완성해 보세요.

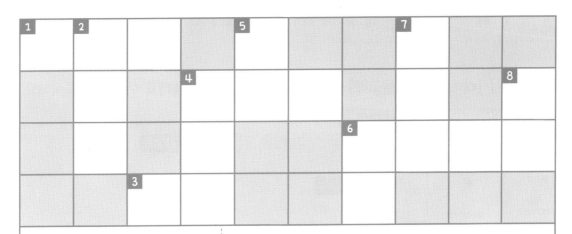

가로열쇠

1 오늘 배울 동물의 이름

3 뚱뚱한 핑크색 불가사리 캐릭터

4 크리스마스 캐롤의 대표 곡 이름

6 바닷속 배경 만화 제목, 네모바지

세로열쇠

2 구워 먹거나 쪄먹기도 하고 튀겨서도 먹는 겨울철 별미

4 바닷속 배경 만화에 등장하며 마인크래프트 주민과 닮은꼴

5 우리나라 고유의 글자. 훈민정음이라고도 부름

6 절에서 볼 수 있으며 불교에 입문한 수행자

7 혼자서 음악을 듣기 위해 귀에 끼우는 소형 장치

8 김과 밥을 펼치고 다양한 재료를 넣고 만드는 음식

---

1 슬라이드에 동영상을 넣어요!

① 한쇼 NEO(2016) 프로그램을 실행하여 [Chapter 21_돌고래]-**돌고래.show** 파일을 불러와요.

② [슬라이드 1]에서 [입력]-**[동영상(▶️)]**을 클릭해요.

③ [불러올 파일]-[chapter 21_돌고래]-**바다풍경.mp4** 파일을 선택하고 <열기>를 클릭해요.

④ [미디어 삽입] 대화상자가 나타나면 동영상이 바로 실행될 수 있도록 **[자동 실행]**을 선택해요.

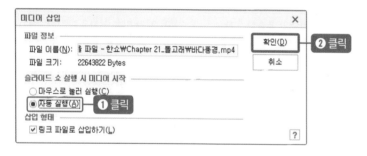

⑤ 동영상이 삽입되면 [그림(🎤)]-[그림 스타일]-↓을 클릭하여 원하는 스타일을 선택해요.

⑥ 동영상 주변의 조절점(┓)을 이용하여 크기와 위치를 적당하게 조절해요.

② 돌고래 그림에 나타나기 애니메이션을 적용해요!

① [슬라이드 2]를 클릭하여 슬라이드 바깥쪽에 있는 돌고래의 크기와 위치를 아래와 같이 맞춰주세요.

② 돌고래 이미지가 선택된 상태에서 [애니메이션] → [올라오기(⭐)]를 클릭해요.

③ [애니메이션] 탭에서 '시작'을 '이전 효과와 함께'로 변경해요.

팁 **이전 효과와 함께 시작되는 애니메이션**

해당 애니메이션의 시작 옵션을 '이전 효과와 함께'로 지정했기 때문에 [Shift]+[F5]를 눌러 [슬라이드 2]의 쇼가 시작되면 동시에 돌고래가 올라오는 애니메이션이 실행될 거예요.

③ 돌고래 눈에 애니메이션을 적용해요!

① 슬라이드 바깥쪽에 있는 돌고래 눈의 크기와 위치를 아래와 같이 맞춰주세요. 그 다음 [애니메이션]-[애니메이션 추가(⭐)] → [나타내기 다른 효과]를 클릭해요.

② [기본 효과-흩어 뿌리기]를 선택한 다음 <적용>을 클릭해요.

③ [애니메이션]-[애니메이션 작업 창(⭐)]을 클릭해요.

④ 오른쪽 애니메이션 창의 목록에서 [그림 4]를 더블 클릭한 다음 [타이밍]에서 다음과 같이 옵션을 변경해요.

⑤ Shift + F5 를 눌러 [슬라이드 2]에 적용된 애니메이션을 확인해 보세요.

작품을 완성해요

① 슬라이드 주변의 그림을 활용하여 애니메이션을 자유롭게 완성해요. 애니메이션의 종류와 타이밍은 원하는 대로 지정해 보세요.

 스스로 만들어요 실습파일 : 돌고래_연습문제.show 완성파일 : 돌고래_연습문제(완성).show

① [슬라이드 1]에서 삽입된 그림들에 원하는 나타내기 애니메이션을 적용해요.
  • 애니메이션 적용 순서 : 귀여운 ▶ 바닷속 ▶ 돌고래 ▶ 돌고래 그림
② [슬라이드 2]에 '돌고래인형.mp4' 동영상을 삽입한 다음 그림 스타일을 적용해 보세요.
  (슬라이드 쇼가 시작되면 동영상이 바로 재생되도록 '자동 실행'을 선택해요.)

22 생김새가 다른 '여우'

★ 슬라이드 마스터를 이용하여 여러 개의 슬라이드에 똑같은 배경을 만들 수 있어요.
★ 슬라이드 전환 효과를 적용해요.

완성 작품 미리보기

▶ 실습파일 : 여우.show   ▶ 완성파일 : 여우(완성).show

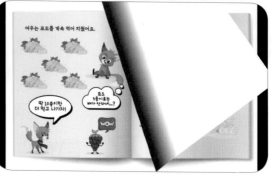

재미난 동물이야기

책이나 만화에 자주 출현하는 귀여운 여우는 의외로 강인한 동물이에요. 지구상에서 가장 더운 지역에는 사막 여우, 가장 추운 지역에는 북극 여우가 살아요. 그 둘은 매우 다르게 생겼으며 특히 귀의 모양이 눈에 띄게 다르답니다. 사막 여우의 귀는 매우 큰 편인데, 사막의 열을 귀로 내보내기 때문이에요. 반대로 북극 여우는 열을 지켜야 해서 귀가 매우 작답니다.

창의 놀이터

숲속에 숨어있는 동물 친구들을 찾아보세요.

1 슬라이드 마스터를 적용해요!

① 한쇼 NEO(2016) 프로그램을 실행하여 [Chapter 22_여우]-**여우.show** 파일을 불러와요.

② [보기]-[**슬라이드 마스터(▦)**]를 클릭해요.

③ 다음과 같은 화면이 나오면 맨 위쪽(**Office 테마 슬라이드 마스터**) 슬라이드를 선택해 주세요.

④ 슬라이드의 배경을 바꾸기 위해 슬라이드의 빈 곳 위에서 마우스 오른쪽 버튼을 눌러 [**배경 속성**]을 클릭해요.

⑤ [배경 속성] 대화상자가 나타나면 '**질감/그림**'을 선택한 다음 <**그림(▣)**>을 클릭해요.

⑥ [불러올 파일]-[chapter 22_여우]-**입체북.png** 파일을 선택하고 <넣기>를 클릭한 후 <적용>을 눌러요.

팁 슬라이드 마스터가 뭐예요?

도형, 그림, 글자 등을 한 곳에만 넣어도 전체 슬라이드에 적용시킬 수 있어요. 슬라이드 마스터는 여러 개의 슬라이드를 편리한 방법으로 관리하기 위한 기능이라고 할 수 있지요.

⑦ [슬라이드 마스터]-[**닫기(⬛)**]를 클릭한 다음 각각의 슬라이드에 적용된 입체북 배경을 확인해 보세요.

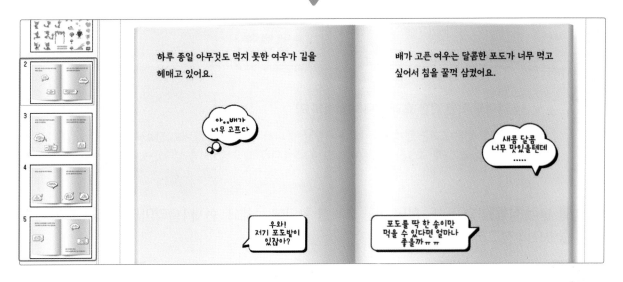

② 슬라이드 화면 전환 효과를 적용해요! ····················

① 슬라이드 축소판 그림창에서 [슬라이드 2]를 선택한 다음 Shift를 누른 채 [슬라이드 5]를 클릭해요.

② [화면 전환]-↓를 클릭한 다음 [3D효과-책장 넘기기(오른쪽으로)(🔳)]를 선택해요.

 팁 슬라이드 화면 전환 효과에 대해 알아봐요!

슬라이드 화면 전환 효과는 현재 슬라이드가 시작될 때 나타나는 효과를 말해요. 한쇼에서는 굉장히 많은 화면 전환 효과들을 제공하고 있지만 오늘은 책을 넘기는 효과를 내기 위해 '책장 넘기기'를 선택했어요.

③ F5를 눌러 적용된 슬라이드 화면 전환 효과를 확인해 보세요. 현재 [슬라이드 1]에는 효과가 적용되지 않았으니 참고하세요!

128

작품을 완성해요

① 첫 번째 슬라이드의 그림들을 이용하여 동화책의 내용을 재미있게 완성해 보세요.
복사하기(Ctrl + C) / 붙이기(Ctrl + V)

② 첫 번째 슬라이드를 삭제하여 동화책의 내용만 남겨주세요.

 스스로 만들어요

실습파일 : 여우_연습문제.show   완성파일 : 여우_연습문제(완성).show

① 슬라이드 마스터의 맨 위쪽 슬라이드를 주변의 그림으로 초대장을 예쁘게 꾸며보세요. 사용하지 않는
그림은 삭제하는 것이 좋겠죠?

② 슬라이드 마스터를 종료한 다음 생일에 초대하려는 동물의 이름(별명)을 '받는 동물'에 적어보세요.

23 '나무늘보'가 야생에서 사는 법

배우는기능

★ 하이퍼링크를 지정하여 원하는 슬라이드로 이동해요.
★ 자유곡선 애니메이션을 추가해요.

완성 작품 미리보기

▶ 실습파일 : 나무늘보.show   ▶ 완성파일 : 나무늘보(완성).show

재미난 동물이야기

    나무늘보는 1분에 최대 2m 정도를 움직일 수 있고, 하루 중 16시간 이상은 잠을 자면서 시간을 보냅니다.
그렇다면 사나운 동물들이 날렵하게 사냥을 하는 야생에서는 어떻게 살아남을 수 있을까요? 정답은 최대한
움직이지 않는 것이라고 해요. 특히 나무가지에 매달린 채 움직이지 않아 털에 이끼가 생기면 다른 동물들에
게는 그저 나무의 혹이나 개미 둥지 정도로만 보이게 하는 것이죠!

130

야생 동물들의 모습을 관찰한 후 알맞은 그림자를 찾아 체크 표시해 보세요.

1 게임 단추에 하이퍼링크를 적용해요!

① 한쇼 NEO(2016) 프로그램을 실행하여 [Chapter 23_나무늘보]-**나무늘보.show** 파일을 불러와요.

② [슬라이드 1]에서 **'게임방법'** 단추를 선택한 다음 [입력]-**[하이퍼링크(🌐)]**를 클릭하여 **[현재 문서]-슬라이드 2**를 지정해요.

③ 다음을 참고하여 각각의 단추에 하이퍼링크를 지정해 보세요.

· [슬라이드 1]의 **'게임시작'** 단추
 → **[슬라이드 3]**으로 하이퍼링크 지정

· [슬라이드 2]의 **'게임시작'** 단추
 → **[슬라이드 3]**으로 하이퍼링크 지정

· [슬라이드 3]~[슬라이드 12]의 **'정답확인'** 또는 **'다음 문제 확인'** 단추
 → **[다음 슬라이드]**로 하이퍼링크 지정

· [슬라이드 13]의 **'게임종료'** 단추
 → **[쇼 마침]**으로 하이퍼링크 지정

② 자유곡선 애니메이션을 지정해요!

① [슬라이드 3]에서 슬라이드 바깥쪽에 있는 숫자 '1'을 선택하여 [애니메이션]-[애니메이션 추가(★+)]
→ **[이동 경로-자유곡선(✎)]**을 클릭해요.

② 마우스를 드래그하여 숫자 '1'이 지나갈 경로를 아래와 같이 그려보세요.

③ 이어서, [애니메이션] 탭에서 '시작'을 **'이전 효과와 함께'**, '지연'을 **'2초'**로 변경해요.

④ 나머지 숫자에도 **[이동 경로-자유곡선(✎)]** 애니메이션을 추가한 후 '시작'을 **'이전 효과 다음에'**로 변경해요.

작품을 완성해요

① [슬라이드 11(문제 5번)]의 숫자에 자유곡선 애니메이션을 지정해요.
   • 애니메이션 적용 시 첫 번째 애니메이션은 [시작] '이전 효과와 함께', [지연] '2초'로 지정해요.
   • 그 외 나머지 애니메이션은 [시작] '이전 효과 다음에', [지연] '0초'로 지정해요.

 스스로 만들어요

실습파일 : 나무늘보_연습문제.show
완성파일 : 나무늘보_연습문제(완성).show

• [슬라이드 1]의 <게임시작>
  → [슬라이드 2]로 연결
• [슬라이드 2]~[슬라이드 7]의
  정답 텍스트(하이퍼링크 고치기)
  → 다음 슬라이드로 연결
• [슬라이드 9]의 <다시시작>
  → [슬라이드 1]로 연결

① 넌센스 퀴즈를 완성하기 위해 알맞은 하이퍼링크를 삽입해 보세요. [슬라이드 2]~[슬라이드 7]의 모든
   답안은 미리 GAME OVER(마지막 슬라이드)로 연결해 놓았어요.

24 이만큼 배웠어요

퀴즈를 풀어보면서 지금까지 배운 내용을 정리해요.

1 특정한 개체(그림, 도형 등)를 클릭했을 때 다른 슬라이드로 이동할 수 있는 기능은 무엇일까요?

① 애니메이션

② 스마트아트

③ 하이퍼링크

④ 좌우대칭

2 동일한 작업을 한 번에 모든 슬라이드에 적용할 수 있는 기능은 무엇일까요?

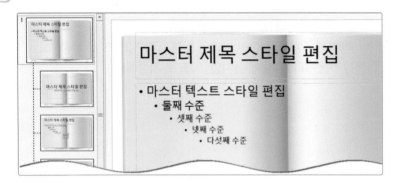

① 유인물 마스터

② 슬라이드 노트

③ 슬라이드 마스터

④ 여러 슬라이드

3 다음 슬라이드 또는 이전 슬라이드로 이동할 때 '책장 넘기기' 등의 효과를 적용할 수 있어요. 이 기능의 이름은 무엇일까요?

① 애니메이션   ② 화면 전환   ③ 사진 앨범   ④ 동영상

4 귀여운 햄스터가 싫어하는 행동을 한 가지만 적어보세요.

5 북극 여우와 사막 여우 모습 중 가장 크게 다른 부분을 적어보세요.

아래 작업 순서를 참고하여 자유롭게 슬라이드를 완성해요.

실습파일 : 24_연습문제.show   완성파일 : 24_연습문제(완성).show

작업 순서

❶ [슬라이드 1]에 글상자를 삽입하여 받는 사람의 이름을 적어보세요.
- 글상자 삽입 : [입력]-[글상자(🖼)]

❷ 슬라이드 마스터에서 맨 위쪽 슬라이드의 배경으로 '노트' 이미지를 삽입해 보세요.
- 슬라이드 마스터 경로 : [보기]-[슬라이드 마스터(▥)]
- 슬라이드 마스터 닫기 : [슬라이드 마스터]-[닫기(◀)]

❸ [슬라이드 2]부터 친구에게 전하고 싶은 내용을 입력해요. 슬라이드를 추가하면서 내용을 짧게 입력하는 것이 좋아요.
- 슬라이드 추가 : [편집]-[새 슬라이드(🖼)]

❹ 내용 입력이 완성된 슬라이드에 그림을 삽입한 후 필요한 부분을 잘라 예쁘게 꾸며보세요.
- 그림 삽입 : [입력]-[그림(🖼)]
- 그림 자르기 : [그림(🖼)]-[자르기(🖼)]

❺ 각각의 슬라이드에 여러 가지 슬라이드 화면 전환 효과를 적용해 보세요.
- [화면 전환]-↓

MEMO

페이퍼 토이

준비물 : 칼, 가위, 풀

우끼끼
우끼끼

✂ [부록 1] 펭귄

완성
모습

★
풀칠 후에
몸통에
붙여요
★

풀칠

풀칠

[부록 2] 원숭이

완성 모습

풀칠 후 몸통에 붙여요

풀칠

풀칠

풀칠

풀칠

풀칠

★
풀칠 후에
몸통에
붙여요
★

풀칠

풀칠

완성
모습

풀칠

풀칠

풀칠

풀칠

풀칠

[부록 4] 토끼

완성
모습

표친

표친

표친

표친

표친

표친

★
풀칠 후
몸통에
붙여요
★

풀칠

풀칠

풀칠

풀칠

풀칠

풀칠